U0901441

故宫博物院藏

中国古代窑址标本　浙江（上）

THE SPECIMENS OF ANCIENT CHINESE KILNS IN THE COLLECTION OF THE PALACE MUSEUM

ZHEJIANG VOLUME　I

故宫博物院编　冯小琦 / 主编

COMPILED BY THE PALACE MUSEUM
THE CHIEF COMPILER: FENG XIAOQI

故　宫　出　版　社
THE FORBIDDEN CITY PUBLISHING HOUSE

凡例

一、本书分卷以省为单位，窑多者，一省单独成册，窑少者，数省成书。

二、每个窑的标本以时代为序，同时兼顾品种、器形、装饰分类排列。

三、在某些重要窑名下，为清楚地表达瓷片的采集地，又分若干小地名。

四、标本的年代参考各地考古发掘资料，资料不充分或有意见分歧者，以故宫博物院传统观点为准。

五、有些标本因器形不完整，时代特征不突出，兼具宋、金或金、元特征者，取其一，或以宋（金）、金至元的形式标出。

六、窑具的年代、时代特征不突出者，或不标年代，或把范围定宽，如金至元，均放在每个窑的最后。

七、书中所选完整器物与窑址标本对比，以附图形式出现。

八、全国窑址分布图中的窑址为历年资料汇集，窑址所在县市地名绝大部分沿用学界习惯称谓。

九、故宫博物院专家窑址调查报告以省区划分，附于本省瓷窑后，有的涉及两省或多省的，附主要省份论文的最后。

Notes on the Use of the Book

1. The different volumes of this series were classified mainly by the provinces, with more kilns in one province done on single book and less one put it together.
2. The specimens of one kiln sorted by time, also considering the variety, type and decorative method.
3. In order to introduce the locality of specimens gathering precisely, the specific place names were also used for some important kilns.
4. The judgment on time of specimens was on the basis of archaeological materials from place to place, and the specimens in dispute or inadequate data were dated by traditional viewpoint of the Palace Museum.
5. Due to the incomplete type, the time character of some specimens was not glowing. The one that has features of Song and Jin dynasty or Jin and Yuan dynasty at the same time was dated in single period, or marked with "Song dynasty (Jin dynasty)" or the time of "from Jin dynasty to Yuan dynasty".
6. The kiln furniture in inconspicuous character of time could not indicate the specific date or broaden the period scale, then put it at last place of the kiln.
7. In contrast, the intact wares in the book appeared in attached figures.
8. Based on the materials over the years, we presented the distribution map of kilns in China, and most of the kiln names were followed by Scholar's idiom.
9. The investigation reports of experts of the Palace Museum were divided by different provinces and attached to the kilns of single province. The reports including two provinces or more attached behind the major province.

序

为加强故宫学术研究，在纪念故宫博物院成立 80 周年之际，建立故宫博物院古陶瓷研究中心，这是很有意义的一件事。

故宫博物院自成立以来，在中国古陶瓷研究方面，具有三个明显的优势：

其一是人才。故宫博物院是在明清皇宫的基础上建立的中国最大的古代艺术品宝库，凭借其得天独厚的条件，曾造就出一大批享誉海内外的文物研究专家。在古陶瓷研究领域，陈万里、孙瀛洲、冯先铭、耿宝昌先生等闻名遐迩，使故宫博物院在这一领域长期独领风骚。今天，在古陶瓷研究专业的人员构成方面，现有本研究专业在职人员 16 人，其中取得研究馆员任职资格的 5 人，副研究馆员任职资格的 4 人，馆员任职资格的 7 人，另有返聘研究馆员 2 人，退休研究馆员 3 人、副研究馆员 1 人、馆员 2 人。特别是拥有当今古陶瓷研究领域的泰斗、现已近 90 岁高龄的耿宝昌先生。因此，无论是在从业人员的数量还是人员的梯队结构方面，故宫博物院在这一研究领域都具有明显的优势。

其二是陶瓷类文物藏品。故宫博物院现收藏的古陶瓷可分为三大类：

1. 陶瓷类文物。总计约 35 万件，其中 32 万多件属原清宫旧藏品，1949 年以后通过拨交、收购、捐献等渠道又入藏 2 万多件。这些藏品，不但数量大，而且精品多，从新石器时代的陶器到明清各朝官民窑瓷器，无不包括，自成体系，这是国内外其他任何博物馆所无法比拟的。其中被初步定为国家一级文物的陶瓷器就有 1110 件。宋代五大名窑（汝、官、哥、定、钧）瓷器、明清官窑瓷器是故宫博物院陶瓷收藏中的强项，仅以宋代汝窑瓷器，明代永乐、宣德官窑瓷器，清代康熙瓷器为例：国内外收藏传世汝窑瓷器不足百件，故宫博物院收藏 20 件，又收藏明代永乐、宣德官窑瓷器 700 多件，清代康熙瓷器 7 万多件。这些藏品无论从数量还是质量上看，在世界上都是名列前茅的。

2. 古窑址陶瓷标本。故宫博物院收藏有 20 世纪 50 ～ 60 年代以来从全国各地考察古窑址所采集的 300 余处重要窑址的约 6 万件陶瓷标本，这在世界上也是独一无二的。标本的时代上起商周，下至清代，其中以唐到元代窑址的标本最为丰富。有的标本可与出土和传世器物相印证，有的标本则不见于出土与传世器物中。因此，对古窑址陶瓷标本的研究愈发显得重要，它能使我们更清楚地了解我国古代各地烧造陶瓷的情况，补充文献与传世器物的不足。目前有些窑址已遭破坏或深埋于地下，再前往采集标本，已几乎不可能有所收获，因此故宫博物院所藏这批古窑址陶瓷标本就愈显重要。

3. 陶瓷类实物资料。 故宫博物院现收藏有原清宫因残淘汰下来的、古物南迁损伤的以及 1949 年以后收购来的数千件基本完整而被划归为非文物的资料，以及清宫淘汰下来的大量明清官窑瓷片标本。这些实物资料数量之大、包含的花色品种之全，在世界上是首屈一指的。其中有大量明、清、民国时期的陶瓷仿品，至今尚未全面向社会公开过，它们是学习古陶瓷鉴定的珍贵资料。特别是资料中还有一些品种弥补了现存古陶瓷文物中的空白。

其三是古陶瓷研究成果。在深入研究的基础上，故宫博物院已先后编写出版的陶瓷类图书有《故宫博物院藏瓷选集》(文物出版社，1962 年)、《故宫珍藏康雍乾瓷器图录》(两木出版社、紫禁城出版社，1989 年)、《故宫博物院藏清盛世瓷选粹》(紫禁城出版社，1994 年)、《故宫藏传世瓷器真赝对比及重要窑址标本图录》(紫禁城出版社，1998 年)、《故宫博物院藏明初青花瓷器》(紫禁城出版社，2002 年)、《故宫博物院藏文物珍品全集》[其中陶瓷类文物九卷：晋唐名瓷一卷、两宋瓷器二卷、五彩斗彩一卷、珐琅彩粉彩一卷、颜色釉一卷、青花釉里红三卷，商务印书馆(香港)有限公司]、《孙瀛洲的陶瓷世界》(紫禁城出版社，2003 年)、《陈万里陶瓷考古文集》(紫禁城出版社、两木出版社，1990 年)、《冯先铭古陶瓷论文集》(紫禁城出版社、两木出版社，1987 年)等。个人专著有陈万里《中国青瓷史略》和《瓷器与浙江》、耿宝昌《明清瓷器鉴定》、李辉柄《中国瓷器鉴定基础》和《宋代官窑瓷器》、叶佩兰《元代瓷器》、王莉英《陶瓷器鉴赏与收藏》、吕成龙《中国古代颜色釉瓷器》和《中国古陶瓷款识》、王健华《古瓷辨赏》等。另外，故宫博物院的陶瓷专业人员还撰写了大量科研论文。这些已出版或发表的故宫博物院专家和学者的研究成果，受到国内外古陶瓷爱好者的广泛关注。特别是 1982 年由冯先铭先生主编的《中国陶瓷史》，堪称我国第一部权威的陶瓷史，赢得国内外陶瓷界的极高赞誉，曾全文译成日文在日本出版。

正因为具备上述丰厚的藏品基础和研究优势，在加强故宫学的学术规划中，成立故宫博物院古陶瓷研究中心被提上了议事日程，在社会同行的支持下，并予以实施。故宫博物院古陶瓷研究中心设在延禧宫区，主要由三部分构成：一是设在延禧宫西司库的观摩室兼作小型会议室；二是设在延禧宫西库房的陶瓷专题陈列室，室内设触摸屏和等离子显示屏；三是设在延禧宫的古陶瓷检测研究中心，内设古陶瓷成分分析实验室，工艺研究实验室，结构分析实验室和物理、化学性质检测实验室，承担古陶瓷的分析检测研究工作。观摩室和小型会议室供来陶瓷中心访问的专家、学者观摩古陶瓷资料、标本以及进行小规模的学术研讨活动等使用。古陶瓷专题陈列室将定期举办院藏陶瓷专题展览，展示故宫博物院古陶瓷专家、学者的研究成果，适当引进一些外展。

故宫博物院古陶瓷研究中心是一个高层次的国际性学术研究机构。该中心将在故宫博物院的领导下，在院学术委员会的指导下，由院古器物部和文保科技部具体负责其日常业务工作，积极开展国内外有关古陶瓷方面的学术研究和学术交流活动。

古陶瓷研究中心的研究对象主要是故宫博物院的古陶瓷收藏、古窑址陶瓷标本收藏和世界各地收藏的中国古代陶瓷。古陶瓷研究中心的研究内容包括对不同时期、不同产地、不同类型古陶瓷制作原料、工艺、结构及相关性质的科学研究；对古陶瓷年代、窑口、真伪的科学研究；对古陶瓷的科学保管、修复和复制等技术的科学研究，以及更多深层次、多视角的科学研究。

古陶瓷研究中心将利用故宫博物院在人才和收藏古陶瓷文物、资料、标本以及引进各种先进检测仪器设备等方面的条件和优势，为国内外专家、学者搭建一个开展综合性合作研究的学术平台，旨在使故宫博物院陶瓷藏品的诸多内涵为世人所知，以弘扬博大精深的中国陶瓷文化。同时，积极借鉴国内外同行的研究方法和学术成果，为故宫培养和造就一批古陶瓷专业的中青年专家，力求使故宫博物院的古陶瓷科学研究水平位于世界的最前列。

为配合古陶瓷研究中心的成立，故宫博物院组织院内专家、学者在深入研究的基础上，将陆续编辑出版《故宫博物院藏清代御窑瓷器》、《故宫博物院藏中国古代窑址标本》、《故宫博物院藏古陶瓷资料选萃》等三套图书。清代御窑瓷器是故宫收藏中的强项，《故宫博物院藏清代御窑瓷器》一书将收录故宫收藏从顺治至宣统御窑瓷器 1000 余件，配以大量辅助资料，这是故宫博物院首次出版全面反映清代御窑厂生产工艺及产品的图录，其中绝大多数瓷器属首次公开发表。《故宫博物院藏中国古代窑址标本》一书，收录故宫博物院自 1949 年以来赴全国各地考察古窑址所采集的 180 余个窑口的陶瓷标本，这是故宫博物院首次向社会全面公布这批标本资料。《故宫博物院藏古陶瓷资料选萃》一书将收录 500 余件故宫藏器形基本完整的古陶瓷实物资料，其中有一部分属于珍稀品种，属于首次发表。我深信，这些古陶瓷图书的出版，必将对中国古陶瓷工艺学、鉴定学的研究起到积极的推动作用。

郑欣淼

2005 年春

Preface

Due to the goal to enhance the academic research level of the Palace Museum, the foundation of Ancient Ceramic Research Center of the Palace Museum was a very significant event during the 80th anniversary of the establishment of the Palace Museum.

The Palace Museum has following three advantages in research on ancient Chinese ceramic since its inception.

The first is talents. Based on the imperial palace of Ming and Qing dynasties, the Palace Museum was the largest treasure-house for ancient artworks in China. On account of these exceptional advantages, the Palace Museum brings up a large number of overseas renowned experts on cultural relic research. The well-known experts such as Chen Wanli, Sun Yingzhou, Feng Xianming and Geng Baochang took the Palace Museum lead in the research on ancient ceramic for a long term. Due to enough personned number and reasonable team structure, we still keep the obvious dominant position in the field of ancient ceramic at present.

The second is ceramic collections. The ceramic collections of the Palace Museum could be divided into three classes. One is the cultural relic of ceramic. There were nearly 350 thousand collections, among which over 320 thousand belonged to the Qing Court and the others were collected after 1949 through different approaches. The collections were not only large in number, but also high in quality, and have established a self-contained system from Neolithic Age to Qing dynasty. Then is the specimen of ancient kilns. The Palace Museum collected nearly 60 thousand specimens from over 300 ancient kilns throughout the country in 1950s and 1960s. It was really an unmatched accomplishment in the world. The last is the material of ceramic. The materials contained the following parts: incomplete wares of Qing Court, damaged wares due to removal for antiques, purchased wares as materials after 1949 and large number specimens eliminated by the Qing Court. It is also the second to none in the world.

The third is the research achievement of ancient ceramic. Based on deeply study, the Palace Museum compiled a great deal of ceramic books, such as *The Selected Works of Ceramic in the Collection of Palace Museum* (The Cultural Relic Press, 1962), *The Blue and White Porcelain of Early Ming Dynasty in the Collection of Palace Museum* (The Forbidden City Publishing House, 2002), *The Complete Works of Treasures in the Collection of Palace Museum* (The Hong Kong Commercial Press Ltd., 1996-2000) , *The Ceramic World of Sun Yingzhou* (The Forbidden City Publishing House, 2003), etc. There were also numbers of personal monograph as well, for example, *The History of Chinese Celadon* (By Chen Wanli, The People's Publishing House, 1965), *The Porcelain and Zhejiang Province* (By Chen Wanli, The Zhonghua Book Company, 1964), *The Porcelain*

Appreciation of Ming and Qing Dynasties (The Forbidden City Publishing House, 1993), *The Inscriptions of Ancient Chinese Ceramic* (By Lü Chenglong, The Forbidden City Publishing House, 2003), etc. Besides, large numbers of papers were written by our experts on ceramic and attracted widespread attention.

Based on the abundant collections and research advantages, the establishment of the Ancient Ceramic Research Center of the Palace Museum was put on the agenda and carried out at last. The research center is located at Palace of Prolonged Happiness area, and could be further divided into three parts: small meeting room, ceramic showroom and laboratory for ceramic detection.

The Ancient Ceramic Research Center of the Palace Museum is an international academic research institution at high level. Under the leadership of the Palace Museum and the guidance of Academic Board of the Palace Museum, the Department of Ancient Cultural Relic and Technology for Ancient Cultural Relic Protection will be in charge of daily affairs of the center, and carry out academic research and communication on ancient ceramic in domestic and abroad.

The object of the Ancient Ceramic Research Center of the Palace Museum is the ancient ceramic collections and specimens in the Palace Museum and ancient ceramic collections all over the world. By these condition and advantages, the center will provide experts and scholars with a synthetic platform for academic exchange, and propagate the great and profound culture of Chinese ceramic.

To coincide with the launch of the Ancient Ceramic Research Center of the Palace Museum and on account of further study by experts and scholars in the Palace Museum, some related books will be published such as *The Imperial Porcelain of Qing Dynasty in the Collection of the Palace Museum*, *The Ancient Chinese Kiln site Specimens in the Collection of the Palace Museum* and *The Selected Works of Ancient Ceramic Materials in the Collection of the Palace Museum*. It is convinced that the print of these books will contribute greatly to the development on handicraft and appreciation of ancient Chinese ceramic.

Zheng Xinmiao

Spring of 2015

目录

序 郑欣淼 5
前　言 冯小琦 12
故宫博物院陶瓷研究五十五年 李辉柄 16

全国窑址分布状况 22

窑址标本目录 24
窑址标本
浙江 100

窑址考察论文选
调查浙江鄞县窑址的收获 李辉柄 1426
浙江象山唐代青瓷窑址调查 李知宴 1434
浙江龙泉青瓷山头窑发掘的主要收获 李知宴 1442
浙江省窑址调查 冯小琦 1448

窑址调查纪要 1462

后　记 1465

Contents

Preface Zheng Xinmiao 8
Foreword Feng Xiaoqi 14
The 55 Years of Research on Ceramic in the Palace Museum Li Huibing 20

The Distribution of Kilns in China 22

List of Plates 52
Plates
Zhejiang Province 100

Selected Papers on Kiln Investigations
The Results of Investigation of Yinxian Kiln Sites in Zhejiang Province Li Huibing 1433
The Investigation of A Tang Dynasty Celadon Kiln Site in Xiangshan County, Zhejiang Province Li Zhiyan 1441
The Results of the Excavation of Longquan Celadon Kiln Site at Shantouyao, Zhejiang Province Li Zhiyan 1447
The Investigation of Kiln Sites Located in Zhejiang Province Feng Xiaoqi 1461

Summary of Kiln Investigations 1462

Postscript 1465

前言

冯小琦

中国陶瓷有8000年的历史，在世界工艺美术史上占有重要位置。半个世纪以来，我国文物考古工作者在20多个省、市、自治区的176个以上县市发现数以千计的历代瓷窑遗址，各地清理发掘的古墓葬也出土了数以万计的历代陶瓷器。新资料与文物的大量出土，为系统研究中国陶瓷的发展历史创造了有利条件。

本套书选用的标本源自20世纪50年代以来，故宫博物院的陶瓷研究专家和学者深入考古第一线，历尽艰辛，陆续在全国调查古窑址所得。特别是老一辈陶瓷专家陈万里、冯先铭、耿宝昌、李辉柄、叶喆民、李知宴、王莉英、叶佩兰等先生、女士，他们在这方面做出了巨大贡献，在这里我们表示特别感谢。

陶瓷考古是一项非常艰巨的工作，瓷窑多依山傍水而建，20世纪50～60年代调查条件非常艰苦，没有汽车，专家们就搭乘拖拉机、马车、驴车，或租自行车，实在没有交通工具就徒步前行，去一处窑址往往要走上一天，他们冒严寒，战酷暑，肩背手提，把获得的第一手珍贵资料带回院里；在这期间他们有的被蛇咬过，被蝎子蜇过，划破手脚更是经常的事，但是他们凭着对事业的执着，始终坚持深入考古第一线，克服了重重困难，收集了非常宝贵的资料，为故宫博物院的陶瓷研究工作做出了重大贡献。

这些窑址标本资料的时代上起商周，下至明清，系统地反映了中国陶瓷的发展概况以及各地瓷窑产品的特点及相互影响。其中有我国青瓷的发源地——浙江地区商周时期的青瓷、黑瓷和六朝青瓷标本；隋唐时期南、北方地区著名瓷窑邢窑、定窑、巩县窑、耀州窑、越窑、长沙窑等窑的标本；宋代著名瓷窑汝窑、官窑、定窑、钧窑、耀州窑、磁州窑、景德镇窑、龙泉窑、越窑的标本以及福建、广东等沿海地区生产的外销瓷器标本。

这批窑址资料涉及全国20个省区的180余个窑口、300余处窑址，约6万多片标本。其中以唐至元代的标本最为丰富。品种有青釉、白釉、白釉绿彩、黑釉、黄釉、三彩、绞胎、酱釉、黑花、绿釉、红绿彩、釉下褐彩、青白釉、青花等；造型凡生活所用盘、高足盘、碟、碗、高足碗、杯、盆、罐、坛、炉、瓶、壶、枕、灯、盒等应有尽有；装饰所见有划花、刻花、剔花、印花、彩绘、点彩、堆塑、浮雕、镂空等。其中有的标本可与出土和传世器物相印证，有的标本则不见于出土与传世器物。因此，对窑址标本的研究就愈显得重要。作为资料它能使我们更清楚地了解每个瓷窑生产的内涵，补充文献与传世器物的不足。尤其是目前有些窑址已遭破坏或深埋于地下，再前往采集标本，已难有收获，因此，这批标本就愈显珍贵。

故宫博物院收集的陶瓷标本，不论数量上还是质量上在全国都是名列前茅的。其中有些标本曾在英国、日本、香港等国家和地区展出，引起很大轰动，在世界范围内对中国陶瓷的研究起到了积极的推动作用。多年以来，全国各地的陶瓷工作者来故宫博物院参观学习，都曾希望故宫博物院能把这批窑址标本公开展示，并且出版，不少陶瓷爱好者和观众也希望能一睹故宫博物院这批收藏。为满足专业研究人员及广大观众的愿望，并为故宫博物院古陶瓷研究中心建立一个展示平台，我们将数十年调查的窑址标本全面地加以展示，期待它对于我国陶瓷的深入研究能够起到一定推动作用。本套书拟从 6 万多片陶瓷器标本中遴选 180 余个窑口、300 余处窑址的约一万余片古窑址标本进行展示，力求反映我国陶瓷的发展历史，同时也反映故宫博物院几十年来在陶瓷考古方面所取得的成就，弘扬我国的陶瓷文化，并借以推动古陶瓷研究的深入。

Foreword

Feng Xiaoqi

The Chinese ceramic with a history over 8000 years was one of the most important inventions in China and occupied an outstanding position in the history of arts and crafts in the world. Our workers of cultural relic and archaeology excavated thousands of ancient kilns and tombs and discovered tens of thousands of ceramic specimens during half a century. The new materials provide us with useful advantage for study of ceramic systematically.

The selected specimens of the books were achieved by succession investigation of ancient kilns after 1950s, and our ancestors of ceramic made great contributions on the cause, such as Chen Wanli, Feng Xianming, Geng Baochang, Li Huibing, Ye Zhemin, Li Zhiyan, Wang Liying, Ye Peilan, etc. Here we should highly appreciate their hardworking and great contribution.

The ceramic archaeology was a kind of arduous task. Due to the poor conditions in 1950s and no cars available, the experts reached the destination often by tractor, carriage, donkey cart or hiring a bicycle. Sometimes they even went to the kiln site on foot. The experts took the firsthand materials back to the Palace Museum with the condition of severe cold or heat, and sometimes even bite by snake or scorpion, and cut feet and hands were in common. With the persistent pursuit of the objective, our experts overcame every kind of difficulties and collected valuable materials, and made great contribution to the development of our research on ceramic in the Palace Museum.

The period of specimens was from Shang to Qing dynasty, and it reflected the development of Chinese ceramic. The specimens included celadon and black glaze ceramic of Eastern Han, and celadon of Southern and Northern Dynasties; samples of Xing kiln, Ding kiln, Gongxian kiln, Yaozhou kiln, Yue kiln and Changsha kiln in Sui and Tang dynasty; samples of Song dynasty contained Ru kiln, Official kiln, Ding kiln, Jun kiln, Yaozhou kiln, Cizhou kiln, Jingdezhen kiln, Longquan kiln, Yue kiln, and ceramic specimens for export in Fujian and Guangdong, etc.

The specimens contained over 60 thousand pieces involving over 300 kiln sites from 20 different provinces. By variety, there was celadon, white glaze, black glaze, yellow glaze, tricolor, twisted-color glaze, dark reddish brown glaze, green glaze, red and green color, unglazed brown color, blue and white, etc. By type, there was plate, plate with high foot, saucer, bowl, bowl with high foot, cup, basin, jar, vat, censer, vase, pot, pillow, light and box, etc. By decoration, there was incised pattern, cut pattern, engraved pattern, stamped pattern and embossed pattern, etc. Some specimens have been confirmed by wares in excavation and collection, and the others were not common. The specimen materials could make a more clearly understanding about the production of kilns and make up the insufficiency of ancient archives and material wares. So the specimens are precious to ceramic study.

The specimens in the collection of the Palace Museum ranked highest in quantity and quality nationwide. Some samples have been exhibited in Britain, Japan and Hongkong, and caused much of a stir worldwide and put forward to the development of study on ceramic. Over the years, the ceramic researchers throughout the country wanted publicity for these specimens in the collection of the Palace Museum, and the public audiences also hoped having a chance to watch the ceramic specimens. In order to satisfied the wishes of special experts and public audiences and construct a platform for the Ancient Ceramic Research Center of the Palace Museum, we will exhibit the specimens comprehensively. At the same time, the series of books will be published, including over 180 kilns and 10,000 specimens. We hope it will reflect the achievement on ceramic research of the Palace Museum and push the forward of the intense research on ancient Chinese ceramics.

故宫博物院陶瓷研究五十五年

李辉柄

瓷器是中国古代的重要发明之一，是对人类文明史做出的杰出贡献。因此，把它作为一门学科进行研究，向来受到国内外学者们的重视。

近代瓷学研究史可划分为两个阶段，一为文献考据阶段，一为考古调查发掘阶段。20世纪50年代以前，学者们主要依据史部与集部有关陶瓷的文献进行考证，诸如《唐六典》、《旧唐书》、《新唐书》、《茶经》、《全唐诗》等典籍，尤其是宋、元以后的陶瓷著录、笔记及方志，如蒋祈的《陶记》、曹昭的《格古要论》、宋应星的《天工开物》以及《大清一统志》和相继出现的《陶说》等专著。因以上研究主要是以文献为基础进行的，即所谓“书斋考古”，所以学者们把它划归为文献考证阶段，该阶段的代表作品是吴仁敬、辛安潮的《中国陶瓷史》。虽然该书在学术上并无独到之处，不能代表当时的最高学术水平，但它毕竟是一部完整的中国陶瓷史。

故宫博物院著名陶瓷学家陈万里先生曾对这本《中国陶瓷史》作过这样的评价：“这本书的最大毛病就是采取几个陈旧瓷书里的内容，因袭着以往的传统，作为正确史料，几乎成了一部变相的类书，不是一部陶瓷史。”

陈万里先生是我国第一位走出书斋，运用考古学的方法，对浙江龙泉窑青瓷进行实地古窑遗址考察的学者。他认为过去只靠点滴文献史料进行研究的老路是无法取得显著成效的。他自1928年夏，七去龙泉，八访绍兴，搜集了大量瓷片标本，并对它们进行排比研究，开辟了一条瓷器研究的新途径，从而把我国的瓷学研究推进到了一个新的阶段，即考古调查发掘阶段，为现代陶瓷学研究奠定了基础。他撰写的《瓷器与浙江》就是这一阶段的重要代表作。该书可看作是从传统的书斋考古走向古窑遗址考古的一个里程碑性质的著作。

研究瓷器发展的历史，文献史料与实物史料是不可缺少的两个方面。陈万里先生在注重文献史料的同时，对于实物资料也给予充分重视，创造了文献与实物相结合的研究方法。实物资料来源于古瓷窑址与古墓葬发掘两个方面：窑址调查与发掘，目的是为了弄清各窑烧造器物的特征，以便区别窑口（瓷器的烧造地点），正确判断它的窑名；墓葬发掘特别是具有确切纪年的墓葬出土瓷器，可以用来印证古代瓷窑址的时代。陈万里先生从考古学的角度出发，以纪年墓出土物件或是文字记载作为科学依据，与窑址实地考察相印证，从而解决了不少瓷器的窑口与断代问题。

瓷器年代的鉴定与窑口的划分是研究瓷器发展史的基础。故宫博物院的陶瓷研究一直是院内学术研究工作的重点，为了解决陶瓷研究领域中存在的问题、提高陶瓷研究的水平与鉴定能力，从20世纪50年代开始，就确定了故宫博物院陶瓷研究的基本方针，并制定了长远的研究规划：陶瓷研究的工作分宋代以前与明清两大阶段，既分工又合作，同时进行。宋代以前的瓷器研究以陈万里先生为首组成调查组，对全国南北各地的古代瓷窑遗址进行调查，以解决宋代以前瓷器的窑口即产地问题。明清瓷器的研究则以著名瓷器鉴定专家孙瀛洲先生为带头人组成鉴定组，对故宫博物院藏32万多件瓷器，特别是清宫旧藏的明清瓷器进行断代研究，以解决明清瓷器的科学鉴定问题。

魏晋南北朝时期由于社会长期处于分裂割据局面，造成南方与北方青瓷生产与发展的不平衡，故有"南方青瓷"与"北方青瓷"之分。经过调查，南方青瓷的生产主要集中在浙江地区，窑址在浙江的上虞、绍兴、宁波、鄞县、萧山、德清、余杭、永嘉等县市均有发现，其中以上虞最为集中，大部分分布在曹娥江中游两岸，时代均为三国两晋至南朝。

在江浙一带墓葬中出土的南方青瓷极为丰富，以六朝古都南京出土青瓷最多，其中纪年墓葬出土青瓷为数不少，它们反映了不同时期青瓷的发展面貌与特征。绍兴曾发现有"黄龙"、"赤乌"、"永安"、"甘露"、"宝鼎"、"凤凰"、"天册"、"天纪"等年号的三国孙吴时代的墓葬，出土了一些青瓷，其中以刻吴永安三年(260年)铭的青釉谷仓罐最为有名，器物上的纪年为这件器物的断代提供了科学依据。

然而，北方青瓷在中原地区魏晋时期的墓葬里几乎没有发现，北魏迁都洛阳以后的墓葬中，青瓷出土的数量渐多，至北齐时期骤增。最著名的是1948年河北省景县发现的北齐封氏墓所出青釉仰覆莲花尊，其造型雄伟、装饰富丽，器身堆贴飞天、兽面、蟠龙、宝相花等纹饰，并浮雕仰覆莲花瓣纹，莲花尊胎厚质坚，青釉润泽，是北方青瓷的代表。

邢窑是见于著录的唐代著名瓷窑之一，但由于长期以来未能发现它的窑址，因而也就始终没有弄清其真实面目。1980年，首先在河北内丘与临城县交界之地发现了邢窑遗址，但根据唐代李肇《国史补》中"内丘白瓷瓯，端溪紫石砚，天下无贵贱通用之"的记载，邢窑遗址应在内丘，而不是临城。据此，文物工作者又在1984年于内丘境内进行调查，果然在5个乡方圆120公里区域内发现窑址十余处，并采集了大量标本。通过发掘证明了内丘城关一带的唐代瓷窑为当时邢窑瓷器烧制中心，所出白瓷也具备邢窑特征，与《茶经》中“邢磁类银，类雪”的记载相符。内丘城关白瓷窑烧制的器物，往往还在器底部刻划一个“盈”字。西安唐大明宫、唐长安西明寺遗址也曾出土过“盈”字款的碗底残片，与内丘城关邢窑遗址所出相同，应为当时邢窑的贡品。内丘邢窑遗址的发现，证明《国史补》中“内丘白瓷瓯”的记载是准确的，从而解决了中国陶瓷史上一大难题。

文献史料对研究陶瓷发展史也具有重要意义，然而有些文献记载的内容还要运用考古学的方法来加以证实和补充。如文献关于“秘色瓷”的记载，宋人赵德麟的“今之秘色瓷器，世言钱氏有国，越州烧造，为供奉之物，不得臣庶用之，故谓之秘色”。而从唐代陆龟蒙的《秘色越器》诗以及徐寅的《贡余秘色茶盏》诗的记载来看，秘色瓷并非始于五代，在唐代就有“秘色”之名。由于法门寺塔基出土了一批精致的越窑青瓷，物账单里又把这些青瓷称之为“秘色瓷”，这就有力地证明了越窑青瓷就是当时所谓的“秘色瓷”，从而使长期存在于学术界的这一悬而未决的问题得到了解决。

唐人陆羽《茶经》中记载的越州窑、鼎州窑、婺州窑、岳州窑、寿州窑与洪州窑等唐代六大青瓷窑，除鼎州窑外，其他五个瓷窑的遗址均已发现并进行了重点发掘。这些瓷窑烧瓷的历史以及烧制器物的特征，均与《茶经》记载相符。在全国各个地方志中所记载的瓷窑，有些已经发现，有些还有待考古工作来加以证实。但事实已经证明，通过考古学的方法，既可印证历史文献的内容是否属实，又可弥补有些文献的疏漏之处。

宋代瓷器发展的重要标志就是官窑的建立与民窑的大发展，窑址星罗棋布，遍布于全国各地。构成了宋代瓷器发展的主要特征。

1965 年，经调查首先在河南禹县城北门内的八卦洞发现了烧制宫中用钧窑瓷器的窑址，出土器物的造型、釉色与宫中收藏的钧窑瓷器相同，从而证实了北宋后期曾在禹县建立了官窑。钧窑瓷器完全是根据当时皇室设计式样与宫廷内陈设需要而生产的，器形多为花盆、盆奁、鼓钉洗、出戟尊等，釉色有玫瑰紫、海棠红、月白等，器底刻有一至十的数目字样。

汝窑也属于北宋官窑之一。根据宋代叶寘《坦斋笔衡》中“本朝以定州白瓷器有芒，不堪用，遂命汝州造青瓷器”的记载，汝窑是继定窑之后，为了满足宫廷需要建立起来的官窑。在河南宝丰清凉寺村发现了汝窑遗址，其中所出青瓷工艺之考究、造型之精美，与清宫收藏品完全相同，由此可以确认，河南宝丰清凉寺村即是宋代汝窑的所在地。

杭州乌龟山郊坛下官窑窑址早在 1930 年就已发现，1956 年浙江省文管会对其进行过一次发掘。1985 年冬至 1988 年春，考古工作者又相继对乌龟山窑遗址进行了两次发掘，不仅获得了大量实物标本，而且还揭露出龙窑与作坊等遗迹。

20 世纪 60 年代以来，沿着陈万里先生所开拓的道路前进的著名瓷器研究家冯先铭先生，集录了广博的古代文献和地方志中的陶瓷史料，在陈万里先生考察的基础上，调查了全国各地的古代瓷窑遗址，尤其是对北方的河南、河北、山西、陕西古窑址集中的地区，进行了较深入的考古调查，取得了巨大的成果，基本上弄清了中国古瓷窑的分布及南北重要瓷窑的发展历史与相互关系，为解决各大博物馆藏品的窑口（产地）问题提供了科学依据。冯先铭先生主编的《中国陶瓷史》是继《瓷器与浙江》之后的又一部重要著作。它总结了历代陶瓷的研究成果，代表了这一阶段研究的最高水平，为今后陶瓷史研究的深入发展创造了条件。

宋及宋以前我国瓷窑分布遍及南北各地，瓷器的窑口归属问题是根据古窑址调查发掘来判定的，瓷器的年代是根据墓葬特别是纪年墓葬出土瓷器作为标准器排比出来的。两者相互印证，是解决窑口与判断时代的科学方法。明、清时期，江西景德镇已成为全国的制瓷中心，绝大多数产品均出自景德镇窑。所以，明、清瓷器的鉴定与宋以前的情况不同，它不存在产地即窑口的划分，而只是一个时代的断定。由于已发掘的明、清时期有明确纪年的墓葬很少，出土的瓷器更少，很难作为我们断代的依据，而明、清瓷器也不像唐、宋瓷器那样有较固定的标准，再加上明、清各个具体时代的年限都不长，瓷器的品种又相当繁杂，后代和前代又存在着一定的连续性，因此，要想做到很精确地断代是困难的。鉴定明、清瓷器的年代，就成为一个主要课题。

20世纪50年代以来，故宫博物院除了以陈万里先生为代表的研究人员在全国开展古窑遗址调查外，还组织院内外专家对清宫旧藏的明、清瓷器进行了一次全面的鉴定。我国著名瓷器鉴定家孙瀛洲先生是采用类型学的方法对明、清带年款的瓷器进行排比研究的第一人。他以明、清带年款的官窑瓷器作为标准器，把不同朝代的瓷器所具有的不同时代特征排比出来，经过研究归纳，得出一些有关鉴定明、清瓷器的科学标准，并把它提到理论化的高度，用以指导实践。在他的指导和参与下，按照上述的科学方法，边排比，边研究，边进行鉴定，把原先对一些瓷器错定了的年代纠正过来，使故宫博物院这项“鉴定工程”得以顺利完成。

随着考古事业的发展与瓷器研究的客观需要，当前我国瓷器研究领域已在前两个阶段的基础上，进入到综合性研究的新阶段。故宫博物院陶瓷研究中心的成立，是这一新阶段的一个重要标志。陶瓷鉴定研究是一门艰辛的学问，尤其是进入现代社会，一些利欲熏心者不惜引进现代科技，仿制和伪造古陶瓷牟取暴利，给陶瓷鉴定带来了新的课题。对此，我们除了要对传统鉴定方法进行科学总结外，还要引进新的科学技术检测手段。在前人研究成果的基础上共同深入研究，不断解决摆在我们面前的疑难问题，把中国的陶瓷研究推向一个更高的水平。

The 55 Years of Research on Ceramic in the Palace Museum

Li Huibing

The ceramic was one of the most important inventions in ancient China, and an outstanding contribution for human culture as well. As an academic discipline, it is widely known by experts in domestic and abroad.

The history of ceramic study in modern times can be generally divided into two stages: one was the method of textual criticism, and another was archaeological investigation and excavation. Before 1950s, the scholars mainly carried out the study by textual research of ancient documents on ceramic. Chen Wanli was the first one to investigate the ancient celadon kilns of Longquan kiln in Zhejiang Province using the method of archaeology. Consequently, our study was put forward to a new level meaning stage of archaeological investigation and excavation. The book of *The Porcelain and Zhejiang Province* was an important representative in the period, and could be regarded as the landmark from scholar's room to field visit.

The ceramic appreciation on dating and kilns distinction was the basement of ceramic research. In order to solve the problem existed in our study and enhance the level of ceramic research and appreciation. In 1950s, the Palace Museum determined the basic roles on ceramic study and formulated the long-term research program. The work of ceramic research could be divided into two stages: one was before Song dynasty, and another was Ming and Qing dynasty. Under the leadership by Chen Wanli, the work team investigated the ancient kilns all over the country, and tried to judge the specific kiln site of ceramic before Song dynasty. The study of Ming and Qing dynasty was guided by Sun Yingzhou, the famous experts on ceramic. The appreciation team launched the study on over 300 thousands porcelains especially those collected by the Qing Court, and solved the difficult problem of appreciation on Ming and Qing porcelain.

Based on the investigation by Chen Wanli, the famous ceramic expert Feng Xianming successively investigated the ancient kilns all over the country after 1960s, especially in Northern China, such as kilns in Henan, Hebei, Shanxi and Shaanxi Province. The book of *The History of Chinese Ceramic*, which compiled by Feng Xianming, was another famous work after the book of *The Porcelain and Zhejiang Province*. This book reflected the highest level in the period and provided useful materials with study on ceramic history.

The ceramic appreciation on dating and kilns distinction, which belonged before Song dynasty, was mainly judged by kiln investigation and excavation. This is compared to the ceramic appreciation of Ming and Qing dynasty. In this period, Jingdezhen has become the center of ceramic making throughout the country. Due to lack of materials of tombs, the accurate judgment on Ming and Qing ceramic was difficult and became a main study in our work.

For this reason, beside the investigation, the Palace Museum also organized the experts of ceramic to carry out a comprehensive appreciation on Ming and Qing porcelain collected by the Qing Court. According to the method of typology, the famous expert Sun Yingzhou firstly put the porcelain with inscriptions in Ming and Qing dynasty as the standard and analyzed the feature of different period, and then made the conclusion on appreciation criterion. By appreciation criterion, the work went ahead smoothly.

Under the need of development on archaeology and porcelain study, the research has stepped into a new stage of comprehensive study. The founding of the Ancient Ceramic Research Center of the Palace Museum became an important landmark in the period. Based on the scholars' achievements, we still need studying deeply to solve the puzzling question and put the research into a new high level.

全国窑址分布状况

The Distribution of Kilns in China

注：▲窑址
▲故宫博物院已调查的窑址

Notes：▲ Kiln site
▲ Kiln that has been investigated by the Palace Museum

北京
门头沟
密云

河北
隆化
曲阳
井陉
临城
内丘
邯郸
彭城
临水
磁县
贾壁

河南
安阳
林州
鹤壁
浚县
淇县
辉县
焦作
修武
新乡
博爱
陕县
新安
宜阳
巩义
荥阳
密县
登封
禹县
汝州
宝丰
郏县
鲁山
内乡
南阳
邓州
唐河

山东
德州
武城
临清
淄博
淄川
临淄
泰安
宁阳
泗水
曲阜
临沂
枣庄

山西
天镇
大同
浑源
广灵
左云
怀仁
朔县
河曲
保德
神池
代县
定襄
静乐
兴县
临县
交城
文水
汾阳
榆次
孝义
盂县
平定
寿阳
和顺
左权
介休
灵石
隰县
汾西
霍县
蒲县
临汾
翼城
乡宁
浮山
吉县
曲沃
长子
襄垣
沁源
长治
长子
壶关
高平
阳城
晋城
河津
夏县

陕西
旬邑
耀州
白水
澄城
富平
麟游

甘肃
武威
兰州
华亭
天水

内蒙
赤峰
林东

宁夏
灵武

辽宁
辽阳

安徽
萧县
淮南
霍山
庐江
繁昌
枞阳
泾县
绩溪
歙县
休宁

江西
景德镇
乐平
婺源
横峰
弋阳
铅山
贵溪
九江
靖安
奉新
铜鼓
上高
丰城
金溪
南丰
广昌
萍乡
永丰
吉安
宁都
于都
赣州
大余
寻乌
定南
龙南
全南

江苏
宜兴

浙江
长兴
吴兴
德清
余杭
萧山
杭州
临安
绍兴
上虞
诸暨
嵊县
宁波
鄞县
慈溪
余姚
奉化
象山
浦江
义乌
东阳
永康
兰溪
金华
武义
仙居
临海
黄岩
台州
温岭
龙游
衢州
常山
江山
缙云
丽水
遂昌
龙泉
云和
庆元
永嘉
乐清
温州
文成
瑞安
泰顺
苍南

福建
浦城
光泽
崇安
松溪
政和
邵武
建阳
建瓯
顺昌
南平
柘荣
周宁
福安
霞浦
屏南
宁德
罗源
闽侯
闽清
福州
福清
连江
泰宁
建宁
将口
宁化
三明
大田
沙县
长汀
连城
永定
德化
永春
安溪
南安
同安
泉州
晋江
仙游
莆田
厦门
华安
长泰
漳州
南靖
龙海
平和
漳浦
云霄
诏安
东山

广东
梅县
大埔
五华
兴宁
潮州
饶平
潮安
揭阳
揭西
揭东
普宁
惠来
海丰
陆丰
紫金
龙川
惠州
龙门
博罗
惠东
广州
乐昌
仁化
韶关
始兴
乳源
南雄
英德
肇庆
封开
高要
郁南
佛山
南海
三水
高明
鹤山
恩平
新会
信宜
高州
茂名
廉江
遂溪
吴川
雷州
深圳
澄海
海康

海南
澄迈
东方
万宁
陵水

广西
桂林
全州
兴安
灵川
临桂
永福
钟山
藤县
容县
北流
柳州
桂平
田东
宾阳
邕宁
东兴
浦北
合浦
大新
百色

湖北
武昌
鄂城

湖南
岳阳
汨罗
湘阴
常德
益阳
长沙
浏阳
醴陵
衡阳
衡东
衡山
衡南
祁东
耒阳
常宁
沅陵
怀化
武冈
新宁
祁阳
蓝山
新田
道县
零陵
郴县
永兴
汝城

四川
广元
成都
郫县
灌县
大邑
新津
彭县
邛崃
绵阳
江油
乐山
清溪
神前

重庆
南岸
奉节
涂山

云南
玉溪
禄丰
建水

窑址标本目录

浙江

德清窑

1 / 印纹硬陶罐标本 104
2 / 原始青瓷罐标本 105
3 / 原始青瓷罐标本 106
4 / 原始青瓷罐标本 107
5 / 原始青瓷罐盖标本 107
6 / 原始青瓷壶标本 108
7 / 原始青瓷器盖标本 109
8 / 原始青瓷盘标本 109
9 / 原始青瓷高足器标本 110
10 / 窑具标本 111
11 / 原始青瓷碗标本 112
12 / 原始青瓷浅碗标本 112
13 / 原始青瓷浅碗标本 113
14 / 原始青瓷浅碗标本 114
15 / 原始青瓷浅碗标本 116
16 / 窑具标本 118
17 / 原始青瓷碗标本 121
18 / 原始青瓷碗标本 122
19 / 原始青瓷碗标本 124
20 / 原始青瓷碗标本 126
21 / 原始青瓷杯标本 127
22 / 原始青瓷刻线纹罐标本 128
23 / 原始青瓷刻带状线纹罐标本 128
24 / 原始青瓷刻带状线纹碗标本 129
25 / 原始青瓷罐标本 131
26 / 原始青瓷碗标本 132
27 / 原始青瓷杯标本 133
28 / 原始青瓷杯标本 134
29 / 原始青瓷杯标本 136
30 / 原始青瓷刻带状线纹碗标本 137
31 / 原始青瓷刻带状线纹碗标本 138
32 / 原始青瓷刻带状线纹碗标本 139
33 / 青釉罐标本 141
34 / 青釉双系罐标本 141
35 / 青釉碗标本 142
36 / 青釉碗标本 144
37 / 青釉碗标本 146
38 / 黑褐釉双系罐标本 147
39 / 黑褐釉缸标本 147
40 / 黑褐釉碗标本 148
41 / 黑褐釉碗标本 149
42 / 黑褐釉碗标本 150
43 / 黑褐釉弦纹碗标本 152
44 / 窑具标本 153
45 / 窑具标本 153

余杭窑

46 / 青釉壶标本 156
47 / 青釉盘口壶标本 156
48 / 青釉双复系盘口壶标本 156
49 / 青釉碗标本 157
50 / 青釉碗标本 157
51 / 青釉碗标本 158
52 / 青釉碗标本 159
53 / 青釉碗标本 160

54 / 青釉钵标本 161
55 / 青釉弦纹罐标本 161
56 / 青釉弦纹双系罐标本 162
57 / 青釉弦纹碗标本 162
58 / 青釉弦纹碗标本 163
59 / 青釉褐斑碗标本 164
60 / 青釉褐斑碗标本 164
61 / 黑釉壶标本 165
62 / 黑釉盘口壶标本 166
63 / 黑釉带系壶标本 167
64 / 黑釉双系盘口壶标本 167
65 / 黑釉鸡首双系盘口壶标本 168
附图 黑釉鸡首双系盘口壶 169
66 / 黑釉鸡首壶标本 170
67 / 黑釉灯标本 171
68 / 黑釉碗标本 171
69 / 黑釉碗标本 171
70 / 黑釉碗标本 172
71 / 黑釉盘标本 172
72 / 黑釉砚标本 172
73 / 窑具标本 173
74 / 青釉双系罐标本 175
75 / 青釉双复系罐标本 175
76 / 青釉盘口壶标本 176
77 / 青釉盘口壶标本 176
78 / 青釉碗标本 177
79 / 青釉碗标本 178
80 / 青釉碗标本 180
81 / 青釉碗标本 181
82 / 青釉碗标本 182
83 / 青釉碗标本 183
84 / 青釉盘标本 183
85 / 青釉褐斑盘口壶标本 184
86 / 青釉褐斑碗标本 185
87 / 青釉褐斑碗标本 186
88 / 黑釉盘口壶标本 186
89 / 黑褐釉碗标本 187
90 / 黑褐釉碗标本 188
91 / 窑具标本 189

郊坛官窑

92 / 青釉瓶标本 192
93 / 青釉瓶标本 192
94 / 青釉瓶标本 193
95 / 青釉花式瓶标本 194
96 / 青釉方瓶标本 195
97 / 青釉双环耳瓶标本 195
98 / 青釉罐标本 196
99 / 青釉瓜棱罐标本 196
100 / 青釉双系罐标本 196
101 / 青釉三足炉标本 197
102 / 青釉三足炉标本 198
103 / 青釉出戟三足炉标本 199
104 / 青釉双耳炉标本 200
105 / 青釉鱼耳炉标本 201
106 / 青釉香熏标本 201
107 / 青釉器盖标本 202
108 / 青釉器盖标本 202

109 / 青釉荷叶形器盖标本 203
110 / 青釉供器标本 203
111 / 青釉渣斗标本 204
112 / 青釉折沿器标本 205
113 / 青釉花口花盆标本 206
114 / 青釉匜标本 206
115 / 青釉盘标本 207
116 / 青釉盘标本 208
附图 青釉折腰盘 209
117 / 青釉洗标本 210
118 / 青釉弦纹瓶标本 211
119 / 青釉琮式瓶标本 211
120 / 窑具标本 212
121 / 窑具标本 213
122 / 窑具标本 214
123 / 窑具标本 215

萧山窑

124 / 青釉盘口瓶标本 217
125 / 青釉褐斑带系罐标本 217
126 / 青釉刻划花莲瓣纹碗标本 218
127 / 青釉刻划花莲瓣纹碗标本 219

临安窑

128 / 青白釉瓶标本 222
129 / 青白釉带系瓶标本 223
130 / 青白釉带系罐标本 223
131 / 青白釉壶标本 223
132 / 青白釉三足炉标本 224
133 / 青白釉灯标本 224
134 / 青白釉盒标本 225
135 / 青白釉盒标本 225
136 / 青白釉缸标本 226
137 / 青白釉碗标本 227
138 / 青白釉碗标本 228
139 / 青白釉碗标本 229
140 / 青白釉花口碗标本 229
141 / 青白釉盘标本 230
142 / 青白釉折沿盆标本 231
143 / 青白釉弦纹炉标本 231
144 / 青白釉凸线纹碗标本 232
145 / 青白釉凸线纹碗标本 234
146 / 青白釉印线纹罐标本 235
147 / 青白釉印花叶纹罐标本 235
148 / 青白釉印花编织纹罐标本 236
149 / 青白釉印花莲瓣纹带系罐标本 236
150 / 青白釉印花菊瓣纹盒标本 237
151 / 青白釉印线纹盒标本 237
152 / 青白釉印花朵花纹碗标本 238
153 / 青白釉印花朵花纹碗标本 240
154 / 青白釉印花莲花纹碗标本 240
155 / 青白釉印花莲花纹碗标本 241
156 / 青白釉印花莲花纹碗标本 242
157 / 青白釉印花莲花纹碗标本 244
158 / 青白釉印花莲花纹碗标本 245
159 / 青白釉印“月”字碗标本 245
160 / 青白釉刻花叶纹瓶标本 246
161 / 青白釉刻花炉标本 246
162 / 青白釉刻花花瓣纹缸标本 247
163 / 青白釉刻花莲瓣纹碗标本 247
164 / 青白釉黑釉叠烧碗标本 248
165 / 青白釉黑釉叠烧碗标本 249
166 / 黑釉碗标本 249
167 / 黑釉碗标本 250
168 / 黑釉碗标本 251
169 / 黑釉碗标本 252
170 / 窑具标本 253
171 / 窑具标本 253
172 / 青釉碗标本 255

173 / 青釉碗标本 256
174 / 青釉碗标本 257
175 / 青釉碗标本 258
176 / 青釉碗标本 259
177 / 青釉碗标本 260
178 / 青釉折沿盘标本 260
179 / 青釉印花朵花纹碗标本 261
180 / 青釉碗标本 262
181 / 青釉刻线纹碗标本 262
182 / 青白釉刻莲瓣纹缸标本 263
183 / 青白釉刻花莲瓣纹碗标本 263
184 / 青釉黑釉叠烧碗标本 264
185 / 黑釉碗标本 264
186 / 黑釉碗标本 265
187 / 黑釉碗标本 266
188 / 黑釉碗标本 268
189 / 黑釉青口碗标本 268
190 / 酱黄釉壶（罐）标本 269
191 / 酱黄釉双系壶标本 269

绍兴窑

192 / 青釉浅碗标本 272
193 / 青釉浅碗标本 274
194 / 窑具标本 275
195 / 青釉浅碗标本 277
196 / 青釉浅碗标本 278
197 / 青釉浅碗标本 279
198 / 青釉瓜棱壶标本 280
199 / 青釉盒标本 280
200 / 青釉器盖标本 281
201 / 青釉碗标本 281
202 / 青釉刻花莲瓣纹碗标本 282
203 / 青釉刻划花莲瓣纹碗标本 282
204 / 青釉划花卷枝纹碗标本 283
205 / 青釉划花四瓣花纹碗标本 283
206 / 青釉划花五瓣花纹碗标本 284
207 / 青釉划花荷叶纹碗标本 284
208 / 青釉划花鹦鹉纹盘标本 284
209 / 窑具标本 285

上虞窑

210 / 青釉双系罐标本 288
211 / 青釉印花钱纹罐标本 288
212 / 青釉印花网纹罐标本 288
213 / 青釉印花几何纹罐标本 289
214 / 青釉印花几何纹罐标本 289
215 / 青釉印花双系罐标本 290
216 / 青釉划花水波纹罐标本 290
217 / 青釉划花水波纹带系罐标本 290
附图　青釉划花水波纹四系罐 291
218 / 青釉划花水波纹带系罐标本 292
219 / 黑釉印花几何纹罐标本 292
220 / 黑釉印花几何纹罐标本 293
221 / 黑釉印花几何纹带系罐标本 293
222 / 青釉碗标本 295
223 / 青釉弦纹罐标本 295
224 / 青釉印花带状网纹罐标本 296
225 / 青釉印花带状卷枝纹碗标本 296
226 / 青釉印花带状网纹碗标本 297
227 / 青釉印花带状网纹洗标本 297
228 / 青釉印花带状网纹折沿洗标本 298
附图　青釉印花带状网纹
折沿三足洗 298
229 / 青釉盘口壶标本 299
230 / 青釉刻划花莲瓣纹碗标本 300
231 / 青釉玉璧底碗标本 300
232 / 青釉罐标本 300
233 / 青釉花式碗标本 301

234 / 青釉杯标本 301
235 / 青釉花式杯标本 302
236 / 青釉刻花莲瓣纹碗标本 302
237 / 青釉划花花式碗标本 302
238 / 青釉瓜棱壶标本 303
239 / 青釉瓜棱双系壶标本 303
240 / 青釉盒标本 304
241 / 青釉刻花莲瓣纹罐标本 304
242 / 青釉刻花瓜棱壶标本 304
243 / 青釉刻花瓜棱双系壶标本 305
244 / 青釉刻花碗标本 305
245 / 青釉刻花放射纹碗标本 306
246 / 青釉刻花莲瓣纹杯标本 306
247 / 青釉刻划花花卉纹壶标本 307
248 / 青釉刻划花花卉纹瓜棱壶标本 307
249 / 青釉刻划花花卉纹盒标本 307
250 / 青釉刻划花朵花纹盘标本 308
251 / 青釉划花花卉纹壶标本 309
252 / 青釉划花瓜棱壶标本 309
253 / 青釉划花花卉纹碗标本 309
254 / 青釉划花花卉纹碗标本 310
255 / 青釉镂空器盖标本 311
256 / 窑具标本 311
257 / 印“王”字窑具标本 311
258 / 青釉罐标本 313
259 / 青釉带系罐标本 313
260 / 青釉盒盖标本 314
261 / 青釉碗标本 314
262 / 青釉弦纹罐标本 315
263 / 青釉印花带状网纹铺首罐标本 315
264 / 青釉印花带状网纹碗 315
265 / 窑具标本 316
266 / 窑具标本 317

越窑

267 / 青釉印花带状网纹钵标本 320
附图　青釉印花带状网纹水丞 321
268 / 青釉模印狮形插座标本 322
附图　青釉模印狮形插座 323
269 / 青釉模印虎子标本 324
270 / 青釉八棱瓶标本 324
附图　青釉八棱瓶 325
271 / 青釉八棱瓶标本 326
272 / 青釉长颈瓶标本 326
273 / 青釉瓜棱罐标本 327
274 / 青釉壶标本 327
275 / 青釉壶标本 328
276 / 青釉壶标本 328
附图　青釉壶 329
277 / 青釉瓜棱壶标本 330
278 / 青釉双系瓜棱壶标本 331
附图　青釉双系瓜棱壶 331
279 / 青釉灯标本 332
280 / 青釉器盖标本 332
281 / 青釉碗标本 333
附图　青釉花式碗 333
282 / 青釉玉璧底碗标本 334
附图　青釉玉璧底碗 334
283 / 青釉玉璧底碗标本 335
附图　青釉划花玉璧底碗 335
284 / 青釉玉璧底碗标本 336
285 / 青釉花式碗标本 336
附图　青釉花式碗 337
286 / 青釉杯标本 338
287 / 青釉花式杯标本 338
288 / 青釉海棠式杯标本 339
附图　青釉海棠式杯 339

289 / 青釉弦纹器盖标本 340
290 / 青釉印花花式杯标本 340
291 / 青釉印花花鸟纹花式杯标本 341
292 / 青釉刻划花花卉纹盒盖标本 341
293 / 青釉刻划花花叶纹盒盖标本 342
附图 青釉刻划花花叶纹盒 342
294 / 青釉划花叶纹罐标本 343
附图 青釉双系罐 343
295 / 青釉划花花卉纹器盖标本 344
附图 青釉盒 344
296 / 青釉划花花卉纹杯标本 345
297 / 青釉划花花卉纹花式杯标本 345
298 / 青釉划花花卉纹花式杯标本 346
附图 青釉划花花卉纹浅碗 347
299 / 青釉划花花卉纹花式杯标本 348
300 / 青釉盒标本 349
附图 青釉弦纹盒 349
301 / 青釉花式套盒标本 350
302 / 青釉花式碗标本 350
附图 青釉花式碗 351
303 / 青釉弦纹盒标本 352
304 / 青釉印花花式套盒标本 352
305 / 青釉印花花卉纹碗标本 352
306 / 青釉印花花卉纹花式碗标本 353
307 / 青釉刻花莲瓣纹碗标本 353
308 / 青釉刻花莲瓣纹碗标本 353
309 / 青釉划花花式套盒标本 353
310 / 青釉刻“太平戊寅”铭碗标本 354
311 / 青釉刻“太平戊寅”铭碗标本 355
312 / 青釉刻“太宣（平）戊寅”铭碗标本 355
313 / 青釉刻“端拱元年”铭碗标本 355
314 / 青釉刻“大”字碗标本 356
315 / 青釉刻“供”字碗标本 357
316 / 青釉刻“计”字碗标本 357
317 / 青釉刻“吉”字碗标本 358
318 / 青釉刻“全”字碗标本 358
319 / 青釉划花鹦鹉纹刻“辛”字碗标本 359
320 / 青釉划花荷叶龟纹刻“太平戊寅”铭碗标本 360
321 / 青釉罐标本 360
322 / 青釉双系罐（壶）标本 361
323 / 青釉盒标本 361
324 / 青釉盒标本 362
325 / 青釉刻“上”字碗标本 362
326 / 青釉盏托标本 363
327 / 青釉盏托标本 364
328 / 青釉花式盏托标本 364
329 / 青釉盘标本 364
330 / 青釉花口盘标本 365
附图 青釉刻花花卉纹菱花口盘 365
331 / 青釉刻“六月八日造此”铭盘标本 366
332 / 青釉印花花卉纹盒标本 366
333 / 青釉印花龙纹盘标本 367
334 / 青釉里印花莲子纹外刻花莲瓣纹碗标本 368
335 / 青釉印划花花鸟纹盒标本 369
336 / 青釉印划花花卉纹盘标本 369
337 / 青釉刻花莲瓣纹碗标本 370
338 / 青釉刻花花卉纹盘标本 370
339 / 青釉刻划花瓜棱壶标本 370
附图 青釉刻划花花卉纹钵 371
340 / 青釉刻划花瓜棱壶标本 372
341 / 青釉刻划花花卉纹盒标本 373
342 / 青釉刻划花花卉纹菊瓣式盏托标本 373
343 / 青釉刻划花莲瓣纹盏托标本 373
344 / 青釉刻划花花卉纹盘标本 374

345 / 青釉刻划花花瓣纹盘标本 374
346 / 青釉划花花卉纹盒标本 374
347 / 青釉划花花卉纹碗标本 375
348 / 青釉划花花卉纹碗标本 375
349 / 青釉划花四瓣花纹碗标本 376
350 / 青釉划花四瓣花纹碗标本 376
351 / 青釉划花莲瓣纹碗标本 376
352 / 青釉划花荷叶纹碗标本 377
353 / 青釉划花卷枝纹碗标本 377
354 / 青釉划花凤纹碗标本 377
355 / 青釉划花花鸟纹碗标本 378
356 / 青釉划花花鸟纹碗标本 379
357 / 青釉划花对蝶纹碗标本 379
358 / 青釉划花盏托标本 379
359 / 青釉划花花卉纹盘标本 380
360 / 青釉划花龙纹盘标本 381
361 / 青釉划花凤纹盘标本 381
362 / 青釉划花凤纹盘标本 382
363 / 青釉划花凤纹盘标本 383
364 / 青釉划花鹦鹉纹盘标本 383
365 / 青釉划花鹦鹉纹盘标本 384
366 / 青釉划花花鸟纹盘标本 385
367 / 青釉划花对蝶纹盘标本 385
368 / 青釉划花对蝶纹刻
“太平戊寅”铭盘标本 386
369 / 青釉里划花鹦鹉纹外刻花
莲瓣纹“辛”字碗标本 386
370 / 青釉贴划花山水人物纹壶标本 387
371 / 青釉划花婴戏纹镂空枕标本 387
372 / 青釉镂空花卉纹香熏标本 388
373 / 青釉镂空花卉纹套盒标本 389
374 / 青釉镂空花卉纹器盖标本 389
375 / 窑具标本 390
376 / 刻字窑具标本 390
377 / 刻字窑具标本 391
378 / 青釉双系罐标本 392
附图 青釉双系罐 393
379 / 青釉双系罐标本 394
380 / 青釉玉璧底碗标本 394
381 / 青釉花式碗标本 395
382 / 青釉壶标本 396
附图 青釉双系瓜棱壶 397
383 / 青釉壶标本 398
384 / 青釉壶标本 398
385 / 青釉瓜棱壶标本 399
386 / 青釉双系瓜棱壶标本 400
387 / 青釉双系瓜棱壶标本 401
388 / 青釉双系瓜棱壶标本 402
389 / 青釉双系瓜棱壶标本 402
390 / 青釉刻“上”字碗标本 403
391 / 青釉刻花瓜棱壶标本 403
392 / 青釉刻花莲瓣纹炉标本 404
393 / 青釉刻花花卉纹盘标本 404
394 / 青釉刻花花卉纹盘标本 405
395 / 青釉刻花花卉纹盘标本 406
396 / 青釉刻划花花卉纹瓜棱壶标本 406
397 / 青釉刻划花双系瓜棱壶标本 406
398 / 青釉划花花卉纹瓜棱壶标本 407
399 / 青釉划花荷叶纹盘标本 407
400 / 青釉刻划花篦划花卉纹壶标本 409
401 / 青釉刻划花篦划花卉纹器盖标本 409
402 / 青釉刻划花篦划花卉纹枕标本 409
403 / 青釉刻划花篦划花卉纹碗标本 409
404 / 青釉瓶标本 411
405 / 青釉瓶标本 411
406 / 青釉瓶标本 412
407 / 青釉壶标本 414
408 / 青釉三足炉标本 414
409 / 青釉碗标本 415
410 / 青釉碗标本 416

411 / 青釉碗标本 418
412 / 青釉碗标本 420
413 / 青釉碗标本 421
414 / 青釉碗标本 422
415 / 青釉碗标本 424
416 / 青釉花式碗标本 424
417 / 青釉花式碗标本 425
418 / 青釉刻线纹碗标本 426
419 / 青釉刻划花篦划花卉纹碗标本 426
420 / 青釉划花碗标本 427
421 / 青釉划花四瓣花纹碗标本 427
422 / 青釉划花篦划花卉纹碗标本 428
423 / 青釉划花篦划花卉纹碗标本 429
424 / 青釉里划花篦划花卉纹外划花莲瓣纹碗标本 429
425 / 窑具标本 430
426 / 窑具标本 431
427 / 窑具标本 431

宁波窑

428 / 青釉三足砚标本 433
429 / 青釉印花几何纹罐标本 433
430 / 青釉印花几何纹罐标本 434
431 / 青釉印花几何纹刻字罐标本 434
432 / 青釉划花水波纹罐标本 434
433 / 青釉划花水波纹壶标本 435
434 / 青釉划花水波纹双系壶标本 435
435 / 黑釉弦纹洗标本 435
436 / 黑釉印花几何纹罐标本 436
437 / 黑釉划花水波纹罐标本 436
438 / 黑釉划花水波纹双系罐标本 437
439 / 黑釉划花水波纹双系罐标本 437
440 / 青釉灯标本 438
441 / 青釉刻“何久太”铭灯标本 438
442 / 青釉盒标本 439
443 / 青釉器盖标本 439
444 / 青釉褐斑碗标本 439
445 / 青釉壶标本 440
446 / 青釉瓜棱壶标本 440
447 / 青釉双系壶标本 441
448 / 青釉碗标本 441
449 / 青釉碗标本 442
450 / 青釉花式碗标本 442
451 / 青釉刻“太平戊寅”铭碗标本 443
452 / 青釉刻花莲瓣纹碗标本 443
453 / 青釉刻花花卉纹盘标本 443
454 / 青釉刻划花花叶纹罐标本 444
455 / 青釉刻划花瓜棱壶标本 445
456 / 青釉划花瓜棱壶标本 445
457 / 青釉划花荷叶纹碗标本 445
458 / 青釉划花花叶纹花式碗标本 446
459 / 青釉窑变壶（罐）标本 446
460 / 窑具标本 447

鄞县窑

461 / 青釉钵标本 449
附图　青釉钵 449
462 / 青釉壶标本 450
463 / 青釉瓜棱壶标本 451
464 / 青釉盒标本 451
465 / 青釉碗标本 452
466 / 青釉凸线纹洗口瓶标本 452
467 / 青釉刻花莲瓣纹瓶标本 453
468 / 青釉刻花莲瓣纹壶标本 453
469 / 青釉刻花卷枝纹盒标本 453
470 / 青釉刻花团花纹碗标本 454
471 / 青釉刻花莲瓣纹碗标本 454
472 / 青釉刻花莲瓣纹钵标本 454

473 / 青釉刻花盏托标本 455
474 / 青釉刻花花卉纹盘标本 455
475 / 青釉刻花花卉纹盘标本 456
476 / 青釉刻花花卉纹盘标本 457
477 / 青釉刻划花莲瓣纹瓜棱壶标本 457
478 / 青釉刻划花花卉纹盒标本 458
479 / 青釉刻划花莲瓣纹碗标本 459
480 / 青釉刻划花莲瓣纹钵标本 459
481 / 青釉刻划花花卉纹盘标本 460
482 / 青釉划花花卉纹壶（罐）标本 461
483 / 青釉划花花叶纹盒标本 461
484 / 青釉划花花卉纹碗标本 462
485 / 青釉划花花卉纹碗标本 462
486 / 青釉划花四瓣花纹碗标本 463
487 / 青釉划花荷叶纹碗标本 463
488 / 青釉划花鹦鹉纹碗标本 464
489 / 青釉划花对蝶纹碗标本 464
490 / 青釉划花水波纹碗标本 465
491 / 青釉划花水波纹碗标本 465
492 / 青釉划花卷枝纹盏托标本 466
493 / 青釉划花花卉纹盘标本 466
494 / 青釉刻线开光贴花兽纹炉标本 467

奉化窑

495 / 青釉瓶标本 470
496 / 青釉瓶标本 471
497 / 青釉壶标本 472
498 / 青釉瓜棱壶标本 473
499 / 青釉碗标本 473
500 / 青釉碗标本 474
501 / 青釉碗标本 475
502 / 青釉碗标本 476
503 / 青釉碗标本 476
504 / 青釉碗标本 477
505 / 青釉碗标本 477
506 / 青釉碗标本 478
507 / 青釉浅碗标本 479
508 / 青釉弦纹瓶标本 480
509 / 青釉弦纹罐标本 480
510 / 青釉带系弦纹罐标本 481
511 / 青釉带系弦纹罐标本 481
512 / 青釉刻花花瓣纹碗标本 482
513 / 青釉刻分格纹碗标本 482
514 / 青釉刻分格纹碗标本 483
515 / 青釉刻放射纹碗标本 484
516 / 青釉刻放射纹碗标本 485
517 / 青釉刻放射纹碗标本 486
518 / 青釉划花篦划纹碗标本 486
519 / 窑具标本 487
520 / 窑具标本 487

象山窑

521 / 青釉壶标本 492
522 / 青釉钵标本 492
523 / 青釉钵标本 493
524 / 青釉钵标本 493
525 / 青釉钵标本 494
526 / 窑具标本 495
527 / 窑具标本 495
528 / 青釉瓶标本 497
529 / 青釉罐标本 498
530 / 青釉罐标本 498
531 / 青釉双系罐标本 499
532 / 青釉碗标本 499
533 / 青釉碗标本 500
534 / 青釉碗标本 501
535 / 青釉碗标本 501

宁海窑

536 / 青釉瓶标本 504
537 / 青釉瓶标本 505
538 / 青釉瓶标本 506
539 / 青釉壶标本 507
540 / 窑具标本 507
541 / 青釉碗标本 508
542 / 青釉碗标本 509
543 / 青釉碗标本 510
544 / 青釉碗标本 511
545 / 青釉碗标本 511
546 / 青釉碗标本 512
547 / 青釉碗标本 514
548 / 窑具标本 515

临海窑

549 / 青釉带系罐标本 518
550 / 青釉双复系罐标本 518
551 / 青釉盘口壶标本 518
552 / 青釉碗标本 519
553 / 青釉碗标本 520
554 / 青釉盘标本 522
555 / 青釉盆标本 522
556 / 青釉折沿盆标本 522
557 / 青釉弦纹罐标本 523
558 / 青釉褐斑盘口壶标本 523
559 / 青釉褐斑碗标本 524
560 / 青釉褐斑碗标本 526
561 / 青釉褐斑碗标本 527
562 / 青釉褐斑弦纹缸标本 527
563 / 青釉碗标本 529
564 / 青釉碗标本 530
565 / 青釉碗标本 532
566 / 青釉碗标本 533
567 / 青釉弦纹钵标本 533
568 / 青釉褐斑壶标本 533
569 / 青釉褐斑碗标本 534
570 / 青釉褐斑碗标本 535
571 / 窑变釉罐标本 536
572 / 窑变釉碗标本 536
573 / 窑具标本 536
574 / 窑具标本 537
575 / 窑具标本 537
576 / 青釉罐标本 539
577 / 青釉罐标本 539
578 / 青釉带系罐标本 540
579 / 青釉带系瓜棱罐标本 540
580 / 青釉壶标本 541
581 / 青釉瓜棱壶标本 541
582 / 青釉盒标本 541
583 / 青釉碗标本 542
584 / 青釉碗标本 544
585 / 青釉花口碗标本 545
586 / 青釉高足碗标本 545
587 / 青釉钵标本 546
588 / 青釉刻放射纹碗标本 546
589 / 青釉刻放射纹碗标本 547
590 / 青釉刻放射纹碗标本 548
591 / 青釉刻花莲瓣纹高足碗标本 548
592 / 黑釉碗标本 549
593 / 黑釉碗标本 550
594 / 窑具标本 550
595 / 窑具标本 551
596 / 窑具标本 551
597 / 窑具标本 552
598 / 窑具标本 552
599 / 窑具标本 553

黄岩窑

600 ／青釉碗标本 556

601 ／青釉盘标本 556

602 ／青釉刻花花卉纹碗标本 557

603 ／青釉刻花菊花纹碗标本 557

604 ／青釉刻花菊花纹碗标本 558

605 ／青釉刻线纹碗标本 559

606 ／青釉刻线纹碗标本 560

607 ／青釉刻花篦划纹器盖标本 560

608 ／青釉刻花篦划印花团菊纹碗标本 561

609 ／青釉刻划花花卉纹碗标本 562

610 ／青釉刻划花篦划纹碗标本 563

611 ／青釉刻划花篦划纹碗标本 564

612 ／青釉刻划花篦划纹碗标本 565

613 ／青釉刻划花篦划纹碗标本 565

614 ／青釉刻划花篦划纹碗标本 566

615 ／青釉刻划花篦划花卉纹碗标本 567

616 ／青釉里刻划花篦划印花团菊纹外刻线纹碗标本 568

617 ／青釉里刻划花篦划印花团菊纹外刻线纹碗标本 570

618 ／青釉划花篦划纹碗标本 572

619 ／青釉划花篦划纹碗标本 572

620 ／青釉里划花外刻线纹碗标本 573

621 ／青釉里划花花瓣纹外刻线纹碗标本 573

622 ／青釉里划花篦划纹外刻线纹碗标本 574

623 ／青釉里划花篦点纹外刻线纹碗标本 574

624 ／窑具标本 575

625 ／窑具标本 575

台州窑

626 ／青釉带系罐标本 578

627 ／青釉双复系罐标本 578

628 ／青釉盘口壶标本 578

629 ／青釉碗标本 579

630 ／青釉碗标本 580

631 ／青釉碗标本 582

632 ／青釉弦纹罐标本 582

633 ／青釉弦纹罐标本 583

634 ／青釉褐斑罐标本 583

635 ／青釉褐斑碗标本 584

636 ／青釉褐斑盆标本 586

637 ／青釉褐斑弦纹罐标本 586

638 ／青釉褐斑弦纹罐标本 586

639 ／青釉褐斑联珠纹罐标本 586

640 ／窑具标本 587

641 ／青釉瓶标本 589

642 ／青釉带系罐标本 590

643 ／青釉带系罐标本 591

644 ／青釉双复系罐标本 591

645 ／青釉壶标本 592

646 ／青釉坛标本 592

647 ／青釉碗标本 593

648 ／青釉碗标本 593

649 ／青釉折沿洗标本 594

650 ／青釉弦纹罐标本 594

651 ／青釉弦纹壶标本 595

652 ／青釉弦纹盘标本 595

653 ／青釉弦纹钵标本 595

654 ／青釉弦纹钵标本 596

655 ／青釉弦纹钵标本 597

656 ／青釉弦纹折沿洗标本 597

657 ／青釉褐斑带系罐标本 598

658 ／青釉褐斑盘口壶标本 598

659 / 青釉褐斑碗标本 599
660 / 青釉褐斑碗标本 600
661 / 青釉褐斑弦纹罐标本 602
662 / 窑具标本 603
663 / 窑具标本 603
664 / 青釉带系罐标本 605
665 / 青釉双复系罐标本 605
666 / 青釉碗标本 606
667 / 青釉碗标本 607
668 / 青釉碗标本 608
669 / 青釉碗标本 608
670 / 青釉钵标本 608
671 / 青釉折沿盆标本 609
672 / 青釉弦纹盘口瓶标本 609
673 / 青釉弦纹盘口瓶标本 610
674 / 青釉弦纹洗标本 610
675 / 青釉弦纹盆标本 611
676 / 青釉弦纹盆标本 611
677 / 青釉弦纹盆标本 611
678 / 青釉褐斑碗标本 612
679 / 青釉褐斑碗标本 613
680 / 青釉黑釉叠烧碗标本 614
681 / 窑具标本 614
682 / 窑具标本 615
683 / 青釉瓶（壶）标本 616
684 / 青釉罐标本 616
685 / 青釉双系罐标本 617
686 / 青釉坛标本 617
687 / 青釉碗标本 618
688 / 青釉碗标本 620
689 / 青釉钵标本 621
690 / 青釉弦纹罐标本 621
691 / 青釉褐斑碗标本 622
692 / 窑具标本 623
693 / 青釉瓶标本 625
694 / 青釉盘口壶标本 625
695 / 青釉碗标本 626
696 / 青釉碗标本 627
697 / 青釉碗标本 627
698 / 青釉碗标本 628
699 / 青釉弦纹钵缸标本 628
700 / 青釉褐斑罐标本 628
701 / 青釉褐斑盘口壶标本 629
702 / 窑具标本 629

温岭窑

703 / 青釉瓜棱罐标本 632
704 / 青釉双系罐标本 632
705 / 青釉双系罐标本 633
706 / 青釉双系瓜棱罐标本 633
707 / 青釉罐（壶）标本 634
708 / 青釉壶标本 634
709 / 青釉壶标本 635
710 / 青釉灯标本 636
711 / 青釉盒标本 637
712 / 青釉碗标本 637
713 / 青釉碗标本 638
714 / 青釉玉璧底碗标本 639
715 / 青釉玉璧底碗标本 640
716 / 青釉钵标本 642
717 / 青釉钵标本 642
718 / 青釉钵标本 643
719 / 青釉盏托标本 643
720 / 青釉杯标本 644
721 / 青釉划花碗标本 644
722 / 花瓷拍鼓标本 645
723 / 黑釉拍鼓标本 645
724 / 青釉花式碗标本 646
725 / 青釉碗标本 648

726 / 青釉花式碗标本 648
727 / 青釉花口盘标本 649
728 / 青釉刻划花篦划纹碗标本 649
729 / 黑釉壶标本 650
730 / 窑具标本 651
731 / 窑具标本 651
732 / 青釉罐标本 653
733 / 青釉带系罐标本 654
734 / 青釉壶标本 654
735 / 青釉碗标本 655
736 / 青釉碗标本 656
737 / 青釉盘标本 657
738 / 青釉碟标本 657
739 / 青釉弦纹带系罐标本 658
740 / 青釉刻放射纹碗标本 659
741 / 青釉褐彩花卉纹壶标本 660
742 / 里青釉外酱釉高足器标本 660
743 / 酱釉带系罐标本 661
744 / 酱釉碗标本 661

乐清窑

745 / 青釉碗标本 664
746 / 青釉碗标本 666
747 / 青釉碗标本 668
748 / 青釉花式碗标本 669
749 / 青釉杯标本 669
750 / 青釉刻线纹碗标本 670
751 / 青釉刻线纹碗标本 671
752 / 青釉刻线纹碗标本 672
753 / 青釉里刻划花篦划纹外刻线纹碗标本 673
754 / 青釉划花篦划纹碗标本 674
755 / 青釉划花篦划纹碗标本 675
756 / 青釉划花篦划纹碗标本 676
757 / 黑褐釉碗标本 678
758 / 青釉刻线纹碗标本 681
759 / 青釉刻划花篦划纹碗标本 682
760 / 青釉划花篦划纹碗标本 683
761 / 青釉划花篦划纹碗标本 684
762 / 青釉划花篦划纹碗标本 686
763 / 青釉划花篦划团菊纹碗标本 687
764 / 窑具标本 687

永嘉窑

765 / 青釉器标本 689
766 / 青釉碗标本 689
767 / 青釉碗标本 690
768 / 青釉褐斑碗标本 691
769 / 窑具标本 691
770 / 窑具标本 691
771 / 青釉壶（罐）标本 693
772 / 青釉碗标本 694
773 / 青釉碗标本 696
774 / 青釉盘标本 698
775 / 青釉弦纹罐标本 698
776 / 窑具标本 699
777 / 青釉炉标本 701
778 / 青釉碗标本 701
779 / 青釉碗标本 702
780 / 青釉碗标本 704
781 / 青釉盘标本 706
782 / 青釉高足杯标本 707
783 / 青釉弦纹炉标本 708
784 / 青釉印花花卉纹碗标本 708
785 / 青釉印花花卉纹碗标本 709
786 / 青釉印花花卉纹碗标本 710
787 / 青釉印花花卉纹碗标本 711
788 / 青釉印花花卉纹盘标本 711

789 / 青釉印花花卉纹盘标本 712
790 / 窑具标本 713
791 / 窑具标本 713

温州窑

792 / 青釉花式碗标本 715
793 / 青釉瓜棱壶标本 716
794 / 青釉瓜棱双系壶标本 717
795 / 青釉花式碗标本 718
796 / 青釉刻花莲瓣纹碗标本 719
797 / 青釉刻花莲花纹碗标本 719
798 / 青釉壶标本 720
附图　青釉褐彩蕨草纹壶 721
799 / 青釉瓜棱壶标本 722
800 / 青釉碗标本 722
801 / 青釉碗标本 723
802 / 青釉碗标本 723
803 / 青釉碗标本 724
804 / 青釉花口碗标本 724
805 / 青釉盏托标本 725
806 / 青釉盘标本 725
807 / 青釉刻花莲瓣纹碗标本 726
808 / 青釉刻花莲瓣叶纹碗标本 727
809 / 青釉刻花菊花纹碗标本 727
810 / 青釉刻线纹碗标本 727

瑞安窑

811 / 青釉瓜棱瓶标本 729
812 / 青釉瓜棱瓶（壶）标本 730
813 / 青釉瓜棱瓶（壶）标本 731
814 / 青釉碗标本 731
815 / 青釉碗标本 732
816 / 青釉碗标本 733
817 / 青釉碗标本 734
818 / 青釉折沿碗标本 734
819 / 青釉刻花花卉纹碗标本 735
820 / 青釉刻划放射纹碗标本 736
821 / 青釉划花花叶纹碗标本 737
822 / 青釉划花花叶纹碗标本 738
823 / 青釉划花篦划纹碗标本 738
824 / 青釉里划花花叶纹外刻线纹碗标本 739
825 / 窑具标本 739

苍南窑

826 / 青釉瓜棱壶标本 742
827 / 青釉碗标本 743
828 / 青釉壶标本 744
829 / 青釉壶标本 745
830 / 青釉碗标本 746
831 / 青釉碗标本 748
832 / 青釉碗标本 749
833 / 青釉刻放射纹碗标本 750
834 / 酱釉四系罐标本 751
835 / 青釉碗标本 752
836 / 青釉碗标本 754
837 / 青釉刻放射纹碗标本 755
838 / 青釉瓶标本 756
839 / 青釉盘标本 756
840 / 窑具标本 757
841 / 窑具标本 757
842 / 青白釉罐标本 758
843 / 青白釉碗标本 758
844 / 青白釉碗标本 758
845 / 青白釉碗标本 759
846 / 青白釉折腰盘标本 759
847 / 青白釉划花篦划纹碗标本 760
848 / 青白釉里划花篦划纹外刻线纹碗标本 761

849 / 窑具标本 761
850 / 青釉碗标本 762
851 / 青釉碗标本 764
852 / 青釉碗标本 765
853 / 青釉双系瓶标本 766
854 / 青釉碗标本 766
855 / 青釉碗标本 767
856 / 青釉刻放射纹碗标本 768
857 / 青釉刻放射纹碗标本 769
858 / 褐釉双系罐标本 770
859 / 窑具标本 770
860 / 窑具标本 771

泰顺窑

861 / 青釉玉璧底碗标本 774
862 / 黑釉碗标本 774
863 / 黑釉碗标本 775
864 / 黑釉碗标本 775
865 / 黑釉碗标本 776
866 / 黑釉碗标本 777
867 / 青釉碗标本 778
868 / 青釉碗标本 779
869 / 青釉碗标本 780
870 / 青釉刻分格纹碗标本 782
871 / 青釉刻分格纹碗标本 784
872 / 青釉刻划花菏莲纹碗标本 785
873 / 青釉刻划花菏莲纹碗标本 786
874 / 青釉刻划花篦划纹碗标本 787
875 / 青釉刻划花篦划纹碗标本 788
876 / 青釉黑釉叠烧碗标本 789
877 / 青釉模印菊瓣纹折沿盘标本 790
878 / 窑具标本 791
879 / 窑具标本 791

兰溪窑

880 / 青釉壶标本 794
881 / 青釉瓜棱壶标本 795
882 / 青釉瓜棱壶标本 796
883 / 青釉瓜棱壶标本 797
884 / 青釉碗标本 798
885 / 青釉碗标本 800
886 / 青釉碗标本 801
887 / 青釉钵标本 802
888 / 青釉刻花瓜棱壶标本 802
889 / 青釉刻花花瓣纹碗标本 803
890 / 青釉刻花莲瓣纹碗标本 804
891 / 青釉刻花莲瓣纹碗标本 805
892 / 青釉刻花花瓣纹温碗标本 806
893 / 青釉刻花花瓣纹钵标本 806
894 / 窑具标本 807
895 / 窑具标本 807

浦江窑

896 / 青釉瓜棱壶标本 809
897 / 青釉瓜棱壶标本 810
898 / 青釉碗标本 811
899 / 青釉盏托标本 812
900 / 青釉盘标本 812
901 / 青釉花式盘标本 813
902 / 青釉划花花卉纹壶标本 813
903 / 青釉瓜棱壶标本 815
904 / 青釉碗标本 816
905 / 青釉碗标本 818
906 / 青釉碗标本 819
907 / 青釉花式碗标本 820
908 / 青釉钵标本 821
909 / 青釉刻花花瓣纹碗标本 822
910 / 窑具标本 822

911 / 窑具标本 823

金华窑

912 / 青釉碗标本 826
913 / 青釉刻线纹碗标本 827
914 / 青釉里刻划花篦点纹外刻线纹碗标本 828
915 / 青釉划花篦划纹碗标本 829
916 / 青釉划花篦划纹碗标本 830
917 / 青釉划花篦划纹盘标本 831
918 / 窑具标本 831
919 / 青釉印“天下太平”铭碗标本 833
920 / 青釉刻划花篦划纹碗标本 833
921 / 青釉里刻划花篦划纹外刻线纹碗标本 834
922 / 青釉里刻划花篦划纹外刻线纹碗标本 835
923 / 青釉里刻划花篦划纹外刻线纹碗标本 835
924 / 青釉里划花篦划纹外刻线纹碗标本 836
925 / 黑釉罐标本 836
926 / 酱釉罐标本 837
927 / 酱釉壶标本 837
928 / 酱釉鼓钉纹罐标本 837
929 / 钧釉瓶标本 838
930 / 钧釉瓶标本 838
931 / 钧釉罐标本 838
932 / 钧釉炉标本 839
933 / 钧釉三足炉标本 839
934 / 钧釉碗标本 840
935 / 钧釉碗标本 841
936 / 钧釉碗标本 842
937 / 钧釉碗标本 842
938 / 钧釉碗标本 843
939 / 钧釉碗标本 844
940 / 钧釉高足杯标本 845
941 / 钧釉弦纹花盆标本 846
附图　钧釉弦纹花口花盆 846
942 / 钧釉弦纹花口花盆标本 847
943 / 钧釉鼓钉纹三足洗标本 848
944 / 钧釉刻划花碗标本 849

武义窑

945 / 青釉碗标本 851
946 / 青釉印花花卉纹碗标本 851
947 / 青釉折沿盘标本 852
948 / 青釉印花花卉纹花式碗标本 852
949 / 青釉刻花莲瓣纹瓶标本 853
950 / 青釉刻花瓜棱壶标本 853
951 / 青釉刻花花卉纹碗标本 853
952 / 青釉划花篦划纹碗标本 854
953 / 青釉划花篦划纹碗标本 854
954 / 青釉划花篦划纹碗标本 855
955 / 青釉划花篦划团花纹碗标本 855
956 / 青釉里刻划花篦点团菊纹外刻线纹碗标本 856
957 / 青釉里划花篦划纹外刻线纹碗标本 858
958 / 青釉里划花篦点纹外刻线纹碗标本 859
959 / 青釉划花花卉纹盘标本 860
960 / 青釉划花篦划纹盘标本 860
961 / 青釉划花篦划纹盘标本 860
962 / 青釉划花篦点纹盘标本 861
963 / 窑具标本 861
964 / 青釉壶标本 862
965 / 青釉瓜棱壶标本 862

966 / 青釉盒标本 863
967 / 青釉器盖标本 863
968 / 青釉里刻划花篦划纹外刻线纹碗标本 864
969 / 黑釉碗标本 865
970 / 青釉碗标本 866
971 / 青釉刻线纹碗标本 867
972 / 青釉刻划花碗标本 867
973 / 黑釉碗标本 868
974 / 钧釉碗标本 869
975 / 青釉碗标本 870
976 / 青釉碗标本 871
977 / 青釉碗标本 871
978 / 青釉盘标本 872
979 / 青釉里刻划花篦划纹外刻线纹碗标本 874
980 / 青釉碗标本 876
981 / 青釉盘标本 877
982 / 青釉碗标本 879
983 / 青釉碗标本 880
984 / 青釉碗标本 881
985 / 青釉盘标本 881
986 / 青釉印花花卉纹碗标本 882
987 / 青釉印花花卉纹盘标本 883
988 / 青釉印花花卉纹盘标本 884
989 / 窑具标本 885
990 / 青釉盘标本 886
991 / 青釉折沿盘标本 886
992 / 青釉里刻花篦划团菊纹外刻线纹碗标本 887
993 / 青釉里刻花篦点团菊纹外刻线纹碗标本 888
994 / 青釉里刻划花篦划纹外刻线纹碗标本 889
995 / 青釉里刻划花篦划纹外刻线纹碗标本 890
996 / 青釉刻划花花卉纹盘标本 890
997 / 青釉刻划花花卉纹盘标本 891
998 / 青釉刻划花花卉纹盘标本 892
999 / 青釉里划花篦点纹外刻线纹碗标本 893
1000 / 青釉划花篦划花瓣纹盘标本 894
1001 / 青釉划花篦划花瓣纹折沿盘标本 895
1002 / 黑釉碗标本 896
1003 / 黑釉碗标本 898
1004 / 窑具标本 899
1005 / 黑釉碗标本 900
1006 / 黑釉碗标本 902
1007 / 黑釉碗标本 903

义乌窑

1008 / 青釉碗标本 906
1009 / 青釉刻划花纹碗标本 907
1010 / 青釉刻划花纹碗标本 908
1011 / 青釉里刻划花外刻线纹碗标本 909
1012 / 青釉里刻划花外刻线纹碗标本 910
1013 / 青釉里刻划花外刻线纹碗标本 912
1014 / 青釉里刻划花外刻线纹碗标本 913
1015 / 青釉里刻划花外篦划纹碗标本 913
1016 / 青釉盘标本 914
1017 / 窑具标本 915
1018 / 钧釉碗标本 917
1019 / 钧釉碗标本 918
1020 / 钧釉碗标本 920
1021 / 钧釉碗标本 922
1022 / 钧釉碗标本 923
1023 / 钧釉碗标本 924
1024 / 钧釉碗标本 926
1025 / 钧釉刻线纹碗标本 927

1026 / 青褐釉碗标本 928
1027 / 褐釉碗标本 929

永康窑

1028 / 青釉壶标本 932
1029 / 青釉瓜棱壶标本 932
1030 / 青釉瓜棱壶标本 933
1031 / 青釉瓜棱壶标本 933
1032 / 青釉碗标本 934
1033 / 青釉浅碗标本 935
1034 / 青釉花式碗标本 936
1035 / 青釉花式碗标本 938
1036 / 青釉刻花罐标本 938
1037 / 青釉刻花罐标本 939
1038 / 青釉刻花花瓣纹碗标本 939
1039 / 青釉刻花放射纹碗标本 940
1040 / 窑具标本 942
1041 / 窑具标本 943
1042 / 窑具标本 943
1043 / 青釉带系罐标本 944
1044 / 青釉碗标本 945
1045 / 青釉碗标本 946
1046 / 青釉盘标本 947
1047 / 青釉刻花五瓣花纹碗标本 947
1048 / 青釉刻花莲瓣纹碗标本 948
1049 / 青釉刻花莲瓣纹碗标本 949
1050 / 青釉刻线纹碗标本 949
1051 / 青釉刻花篦划五瓣花纹碗标本 950
1052 / 青釉刻划花纹碗标本 950
1053 / 青釉刻划花篦划纹碗标本 951
1054 / 青釉刻划花篦划纹碗标本 952
1055 / 青釉刻划花篦划纹碗标本 953
1056 / 青釉划花篦划纹碗标本 954
1057 / 青釉里划花篦划纹外刻线纹碗标本 954
1058 / 青釉划花篦划纹盘标本 955
1059 / 窑具标本 955
1060 / 青釉壶标本 956
1061 / 青釉瓜棱壶标本 956
1062 / 青釉碗标本 957
1063 / 青釉刻花花瓣纹壶标本 958
1064 / 青釉刻花莲瓣纹壶标本 958
1065 / 青釉刻线纹碗标本 959
1066 / 青釉刻线纹杯标本 960
1067 / 青釉刻划花篦划纹碗标本 961
1068 / 青釉刻划花篦划纹碗标本 962
1069 / 青釉刻划花篦划纹碗标本 963
1070 / 青釉刻划花篦划纹碗标本 964
1071 / 青釉划花篦划纹碗标本 966
1072 / 青釉划花篦划纹碗标本 966
1073 / 青釉里划花篦划纹外刻线碗标本 967

东阳窑

1074 / 青釉刻花莲瓣纹高足温碗标本 972
1075 / 青釉花口瓶标本 973
1076 / 青釉罐标本 973
1077 / 青釉壶标本 974
1078 / 青釉瓜棱壶标本 975
1079 / 青釉花式碗标本 976
1080 / 青釉花式碗标本 978
1081 / 青釉花式碗标本 979
1082 / 青釉盘标本 979
1083 / 青釉盘标本 980
1084 / 青釉盘标本 981
1085 / 青釉刻花花卉纹供器标本 982
1086 / 青釉刻划花花卉纹带系罐标本 982
1087 / 窑具标本 983
1088 / 青釉带系罐标本 985
1089 / 青釉碗标本 985
1090 / 青釉碗标本 986

1091 / 青釉碗标本 987
1092 / 青釉弦纹罐标本 987
1093 / 青釉划花篦划纹碗标本 988
1094 / 窑具标本 989
1095 / 窑具标本 989
1096 / 青釉壶标本 990
1097 / 青釉瓜棱壶标本 991
1098 / 青釉瓜棱壶标本 991
1099 / 青釉瓜棱壶标本 992
1100 / 青釉瓜棱壶标本 993
1101 / 青釉带系壶标本 993
1102 / 青釉枕标本 994
1103 / 青釉碗标本 994
1104 / 青釉碗标本 995
1105 / 青釉碗标本 996
1106 / 青釉碗标本 996
1107 / 青釉花式碗标本 997
1108 / 青釉盏托标本 997
1109 / 青釉盘标本 998
1110 / 青釉盘标本 998
1111 / 青釉花式杯标本 998
1112 / 青釉刻花莲瓣纹碗标本 999
1113 / 青釉刻花花瓣纹钵标本 1000
1114 / 青釉刻花花卉纹盘标本 1000
1115 / 青釉刻花花卉纹盘标本 1001
1116 / 青釉刻划花花卉纹盘标本 1002
1117 / 青釉刻划花花卉纹杯标本 1003
1118 / 青釉刻划花莲瓣纹杯标本 1003

龙游窑

1119 / 青釉双系罐标本 1005
1120 / 青釉划花水波纹罐标本 1006
1121 / 乳浊釉罐标本 1007

衢州窑

1122 / 青釉罐标本 1010
1123 / 青釉双系罐标本 1010
1124 / 青釉壶标本 1011
1125 / 青釉碗标本 1012
1126 / 青釉碗标本 1013
1127 / 青釉刻线纹碗标本 1013
1128 / 青釉刻划花纹碗标本 1014
1129 / 青釉里刻划花外刻线纹碗标本 1014
1130 / 青釉里刻划花外刻线纹碗标本 1015
1131 / 青釉划花篦划纹碗标本 1016
1132 / 青釉划花篦划纹碗标本 1017
1133 / 青釉划花篦划纹碗标本 1018
1134 / 青釉里划花篦划纹外刻线纹碗标本 1018
1135 / 青釉褐彩花卉纹罐标本 1019
1136 / 青釉褐彩花卉纹双系罐标本 1020
1137 / 青釉褐彩花卉纹壶（罐）标本 1021
1138 / 青釉褐彩花卉纹壶（罐）标本 1022
1139 / 青釉褐彩花卉纹缸标本 1023
1140 / 青釉褐彩花卉纹盆标本 1024
1141 / 青釉褐彩花卉纹盆标本 1026
1142 / 青釉褐彩鱼纹盆标本 1026
1143 / 青釉褐彩花卉纹折沿盆标本 1026
1144 / 青釉褐彩花卉纹折沿盆标本 1027
1145 / 青白釉罐标本 1028
1146 / 青白釉碗标本 1028
1147 / 青白釉碗标本 1029
1148 / 青白釉刻线纹碗标本 1029
1149 / 黑釉碗标本 1030
1150 / 黑褐釉罐标本 1030
1151 / 黑褐釉碗标本 1031
1152 / 黑褐釉碟标本 1031
1153 / 褐釉带系罐标本 1032

1154 / 褐釉双复系罐标本 1032
1155 / 褐釉壶标本 1032
1156 / 褐釉壶标本 1033
1157 / 褐釉壶标本 1034
1158 / 褐釉壶标本 1035
1159 / 褐釉双系壶标本 1036
1160 / 褐釉盆标本 1036
1161 / 窑具标本 1037
1162 / 窑具标本 1037
1163 / 青釉瓜棱壶标本 1039
1164 / 青釉瓜棱壶及窑具标本 1039
1165 / 青釉碗标本 1040
1166 / 青釉碗标本 1041
1167 / 黑褐釉碗标本 1042
1168 / 黑褐釉杯标本 1043
1169 / 酱黄釉花式碗标本 1043
1170 / 青釉褐彩花卉纹罐标本 1045
1171 / 青釉褐彩花卉纹器盖标本 1045
1172 / 青釉褐彩花卉纹缸标本 1046
1173 / 青釉褐彩花卉纹折沿盆标本 1047
1174 / 青釉褐彩花卉纹折沿盆标本 1048
1175 / 褐釉瓶标本 1050
1176 / 褐釉壶标本 1051
1177 / 褐釉弦纹带系罐标本 1051

江山窑

1178 / 黑釉青口碗标本 1053
1179 / 黑釉青口碗标本 1054
1180 / 黑褐釉双系罐标本 1054
1181 / 青白釉花口瓶标本 1055
1182 / 青白釉壶标本 1056
1183 / 青白釉瓜棱壶标本 1056
1184 / 青白釉瓜棱壶标本 1057
1185 / 青白釉三足炉标本 1057
1186 / 青白釉菊瓣式盒标本 1058
1187 / 青白釉器盖标本 1059
1188 / 青白釉碗标本 1059
1189 / 青白釉印花花卉纹瓶标本 1060
1190 / 青白釉印花花卉纹瓶标本 1061
1191 / 青白釉印花花卉纹瓶标本 1061
1192 / 青白釉印花花卉纹瓶标本 1062
1193 / 青白釉印花卷枝纹罐标本 1062
1194 / 青白釉印花花卉纹罐盖标本 1062
1195 / 青白釉印花八卦纹炉标本 1063
1196 / 青白釉印花八卦纹三足炉标本 1064
1197 / 青白釉印花花卉纹菊瓣式盒标本 1065
1198 / 青白釉印花花卉纹菊瓣式盒标本 1065
1199 / 青白釉印花花卉纹高足杯标本 1066
1200 / 青白釉褐彩花卉纹碗标本 1067
1201 / 青釉罐标本 1069
1202 / 青釉碗标本 1069
1203 / 青釉碗标本 1070
1204 / 青釉凸线纹碗标本 1070
1205 / 青釉刻线纹碗标本 1071
1206 / 青釉刻划花篦划纹碗标本 1071
1207 / 青釉里刻划花篦划纹外刻线纹碗标本 1072
1208 / 黑釉碗标本 1073
1209 / 黑釉盏托标本 1073
1210 / 黑釉青口碗标本 1073
1211 / 青釉缸标本 1074
1212 / 青釉缸标本 1075
1213 / 青釉碗标本 1075
1214 / 青釉碗标本 1076
1215 / 青釉碗标本 1078
1216 / 青釉里划花篦划纹外刻线纹碗标本 1079
1217 / 青釉里划花篦划纹外刻线纹碗标本 1080

1218 / 黑釉双系罐标本 1082
1219 / 黑釉碗标本 1083
1220 / 黑釉青口碗标本 1084
1221 / 黑釉青口碗标本 1085
1222 / 黑酱釉碗标本 1086
1223 / 青白釉瓶标本 1087
1224 / 青白釉花口瓶标本 1087
1225 / 青白釉瓜棱壶标本 1088
1226 / 青白釉炉标本 1088
1227 / 青白釉三足炉标本 1089
1228 / 青白釉菊瓣式盒标本 1090
1229 / 青白釉碗标本 1091
1230 / 青白釉高足杯标本 1092
1231 / 青白釉印花带系瓶标本 1092
1232 / 青白釉印花花卉纹壶（罐）标本 1092
1233 / 青白釉印花花卉纹壶（罐）标本 1093
1234 / 青白釉印花壶标本 1094
1235 / 青白釉印花八卦纹炉标本 1094
1236 / 青白釉印花八卦纹炉标本 1095
1237 / 青白釉印花花卉纹菊瓣式盒标本 1095
1238 / 青白釉印花盖标本 1095
1239 / 窑具标本 1096
1240 / 窑具标本 1097
1241 / 窑具标本 1097
1242 / 青釉炉标本 1099
1243 / 青釉碗标本 1100
1244 / 青釉盘标本 1101
1245 / 青釉弦纹罐标本 1102
1246 / 青釉印花花卉纹碗标本 1102
1247 / 窑具标本 1103
1248 / 窑具标本 1103

遂昌窑

1249 / 青釉碗标本 1106
1250 / 青釉碗标本 1107
1251 / 青釉碗标本 1107
1252 / 青釉碗标本 1108
1253 / 青釉折沿盘标本 1108
1254 / 青釉折沿盘标本 1109
1255 / 青釉模印莲瓣纹碗标本 1110
1256 / 青釉模印莲瓣纹碗标本 1111
1257 / 青釉模印莲瓣纹碗标本 1112
1258 / 青釉刻花莲瓣纹碗标本 1113
1259 / 青釉刻线纹碗标本 1114
1260 / 青釉刻线纹碗标本 1115
1261 / 青釉刻线纹碗标本 1115
1262 / 青釉划花篦划纹碗标本 1115
1263 / 青釉印花花卉纹碗标本 1116
1264 / 青釉印花花卉纹碗标本 1117
1265 / 青釉印花朵花纹碗标本 1118
1266 / 青釉印花朵花纹碗标本 1118
1267 / 青釉印花葵花纹碗标本 1119
1268 / 青釉印花银锭纹碗标本 1119
1269 / 青釉印花银锭纹碗标本 1120
1270 / 青釉印花马纹碗标本 1121
1271 / 青釉印花双鱼纹碗标本 1121
1272 / 青釉印“常”字碗标本 1122
1273 / 青釉印“福”字碗标本 1123
1274 / 青釉印“寿”字碗标本 1124
1275 / 青釉印“利”字碗标本 1124
1276 / 青釉印“春”字碗标本 1125
1277 / 青釉印“旺”字碗标本 1125
1278 / 青釉印“广”字碗标本 1126
1279 / 青釉里印“王”字外模印莲瓣纹碗标本 1127
1280 / 青釉印花花卉纹盘标本 1127

1281 / 青釉里印花朵花纹外
刻莲瓣纹碗标本 1128
1282 / 青釉里印花莲花纹外
刻线纹碗标本 1128
1283 / 青釉里印刻划花朵花纹
外刻线纹碗标本 1129
1284 / 窑具标本 1130

松阳窑

1285 / 青釉碗标本 1134
1286 / 青釉碗标本 1136
1287 / 青釉瓶标本 1138
1288 / 青釉罐标本 1139
1289 / 青釉罐标本 1139
1290 / 青釉罐标本 1140
1291 / 青釉带系罐标本 1140
1292 / 青釉带系罐标本 1141
1293 / 青釉双系壶标本 1141

丽水窑

1294 / 青釉碗标本 1144
1295 / 青釉碗标本 1145
1296 / 青釉碗标本 1146
1297 / 青釉钵标本 1147
1298 / 青褐釉瓶标本 1147
1299 / 青褐釉带系罐标本 1148
1300 / 青褐釉钵标本 1149
1301 / 窑具标本 1149
1302 / 青釉划花篦划纹碗标本 1151
1303 / 青釉碗标本 1151
1304 / 青釉碗标本 1152
1305 / 青釉碗标本 1153
1306 / 青釉高足杯标本 1153
1307 / 青釉高足杯标本 1154
1308 / 青釉印花莲花纹碗标本 1155
1309 / 青釉印花莲花纹碗标本 1156
1310 / 青釉印花莲花纹碗标本 1157
1311 / 青釉印花菊花纹碗标本 1157
1312 / 青釉里刻花外模印
莲瓣纹碗标本 1158
1313 / 青釉刻花花卉纹碗标本 1158
1314 / 青釉刻花花卉纹碗标本 1159
1315 / 青釉刻花莲瓣纹碗标本 1159
1316 / 青釉里刻花花卉纹外
刻莲瓣纹碗标本 1160
1317 / 青釉刻划花纹碗标本 1160
1318 / 青釉刻划花篦划纹碗标本 1161
1319 / 青釉刻划花篦划纹碗标本 1161
1320 / 青釉刻划花篦划纹碗标本 1162
1321 / 青釉刻划花篦划纹碗标本 1163
1322 / 青釉刻划花篦划纹碗标本 1163
1323 / 青釉里刻划花篦划纹
外刻莲瓣纹碗标本 1164
1324 / 青釉划花纹碗标本 1164
1325 / 青釉划花篦划纹碗标本 1165
1326 / 黑釉碗标本 1165
1327 / 素胎印“郭山”铭碗标本 1166
1328 / 窑具标本 1166
1329 / 窑具标本 1167
1330 / 窑具标本 1167

云和窑

1331 / 青釉三足炉标本 1170
1332 / 青釉碗标本 1170
1333 / 青釉碗标本 1171
1334 / 青釉碗标本 1172
1335 / 青釉碗标本 1174
1336 / 青釉盘标本 1176

1337 / 青釉折沿盘标本 1178
1338 / 青釉印花莲花纹碗标本 1180
1339 / 青釉印花莲花纹碗标本 1182
1340 / 青釉印花菊花纹碗标本 1183
1341 / 青釉印花菊花纹碗标本 1184
1342 / 青釉印花鱼纹碗标本 1185
1343 / 青釉印花莲花纹盘标本 1186
1344 / 青釉印花莲花纹盘标本 1187
1345 / 青釉印花莲花纹高足杯标本 1187
1346 / 青釉印花莲花纹高足杯标本 1188
1347 / 青釉印花花卉纹洗标本 1189
1348 / 青釉里印花菊花纹外刻花莲瓣纹碗标本 1189
1349 / 青釉里印花莲花纹外刻花花瓣纹高足杯标本 1190
1350 / 青釉里印花莲花纹外刻花花瓣纹高足杯标本 1191
1351 / 青釉里印花菊花纹外刻花莲瓣纹高足杯标本 1191
1352 / 青釉刻花莲瓣纹碗标本 1192
1353 / 青釉刻弦纹碗标本 1194
1354 / 青釉刻弦纹碗标本 1195
1355 / 青釉刻花莲瓣纹折沿盘标本 1195
1356 / 青釉里划花外刻弦纹碗标本 1196
1357 / 窑具标本 1197
1358 / 青釉碗标本 1199
1359 / 青釉盘标本 1199
1360 / 青釉模印菊瓣纹花式盘标本 1200
1361 / 青釉刻划花碗标本 1200
1362 / 窑具标本 1201

龙泉窑

1363 / 青釉“雍熙二年”铭瓷板标本 1203
1364 / 青釉刻花花卉纹碗标本 1203
1365 / 青釉刻花分格花卉纹碗标本 1204
1366 / 青釉刻花分格花卉纹碗标本 1204
1367 / 青釉里刻花分格花卉纹外刻花莲瓣纹碗标本 1205
1368 / 青釉里刻花分格花卉纹外刻花莲瓣纹碗标本 1205
1369 / 青釉里刻花荷叶纹外刻线纹碗标本 1206
1370 / 青釉刻花篦划莲花纹碗标本 1206
1371 / 青釉刻花篦划莲花纹碗标本 1207
1372 / 青釉里刻花篦划花卉纹外刻线纹碗标本 1207
1373 / 青釉里刻花篦划花卉纹外刻线纹碗标本 1208
1374 / 青釉里刻花篦划双鱼纹外刻线纹碗标本 1208
1375 / 青釉刻花篦划荷莲纹盘标本 1209
1376 / 青釉刻花篦划荷莲纹盘标本 1210
1377 / 青釉里刻花篦划花卉纹外刻划花莲瓣纹碗标本 1210
1378 / 青釉刻划花莲瓣纹炉标本 1211
1379 / 青釉刻划花篦划花卉纹碗标本 1211
1380 / 青釉刻划花篦划荷莲纹碗标本 1212
1381 / 青釉刻划花篦划花叶纹盘标本 1213
1382 / 青釉划花篦划纹盘标本 1213
1383 / 青釉瓶标本 1215
1384 / 青釉瓶标本 1216
1385 / 青釉瓶标本 1218
1386 / 青釉花式瓶标本 1218
1387 / 青釉筒式炉标本 1219
1388 / 青釉三足炉标本 1219
1389 / 青釉三足炉标本 1220
1390 / 青釉三足炉标本 1221
1391 / 青釉三足炉标本 1222
1392 / 青釉三足炉标本 1222
1393 / 青釉出戟三足炉标本 1223

1394 / 青釉出戟三足炉标本 1223
1395 / 青釉器盖标本 1224
1396 / 青釉器盖标本 1224
1397 / 青釉器盖标本 1225
1398 / 青釉匜标本 1225
1399 / 青釉碗标本 1226
1400 / 青釉碗标本 1227
1401 / 青釉碗标本 1228
1402 / 青釉碗标本 1230
1403 / 青釉碗标本 1232
1404 / 青釉盘标本 1233
1405 / 青釉盘标本 1234
1406 / 青釉盘标本 1235
1407 / 青釉折沿盘标本 1235
1408 / 青釉八方折沿盘标本 1236
1409 / 青釉弦纹筒式炉标本 1237
1410 / 青釉印花花卉纹罐标本 1237
1411 / 青釉印花莲瓣纹罐标本 1238
1412 / 青釉印花碗标本 1238
1413 / 青釉印花莲瓣纹碗标本 1239
1414 / 青釉刻线纹罐标本 1239
1415 / 青釉刻划花莲瓣纹碗标本 1240
1416 / 青釉贴花筒式炉标本 1240
1417 / 青釉模印菊瓣式碗标本 1241
1418 / 青釉模印菊瓣式碗标本 1242
1419 / 青釉印花环耳瓶标本 1244
1420 / 青釉高足杯标本 1244
1421 / 窑具标本 1244
1422 / 窑具标本 1245
1423 / 青釉花口碗标本 1246
1424 / 青釉折沿盘标本 1247
1425 / 青釉弦纹壶（瓶）标本 1247
1426 / 青釉印“金玉满堂”铭花口碗标本 1248
1427 / 青釉印花花卉纹盘标本 1248
1428 / 青釉印花双鱼纹洗标本 1249
1429 / 青釉印花双鱼纹折沿洗标本 1249
1430 / 青釉刻花菊瓣纹碗标本 1250
1431 / 青釉刻花菊瓣纹碗标本 1250
1432 / 青釉里刻花篦划纹外刻花莲瓣纹碗标本 1251
1433 / 青釉刻花莲花纹盘标本 1251
1434 / 青釉刻花莲花纹盘标本 1252
1435 / 青釉刻花菊瓣纹盘标本 1252
1436 / 青釉刻花菊瓣纹盘标本 1253
1437 / 青釉刻花篦划纹折沿盘标本 1253
1438 / 青釉刻划花荷莲纹碗标本 1254
1439 / 青釉刻划花荷莲纹碗标本 1255
1440 / 青釉刻划花荷莲纹碗标本 1255
1441 / 青釉刻划花篦划花卉纹碗标本 1256
1442 / 青釉刻划花篦划鱼纹碗标本 1256
1443 / 青釉刻划花篦点团菊纹碗标本 1257
1444 / 青釉刻划花莲瓣纹供碗标本 1257
1445 / 青釉划花花瓣纹花口碗标本 1258
1446 / 青釉划花花瓣纹花口碗标本 1260
1447 / 青釉划花篦划纹碗标本 1261
1448 / 青釉刻花花卉纹碗标本 1261
1449 / 青釉刻花荷莲纹碗标本 1262
1450 / 青釉刻划花花卉纹碗标本 1263
1451 / 窑具标本 1263
1452 / 窑具标本 1263
1453 / 青釉贯耳瓶标本 1265
附图　青釉贯耳八方瓶 1265
1454 / 青釉贯耳瓶标本 1266
1455 / 青釉壶标本 1266
1456 / 青釉三足炉标本 1267
附图　青釉三足炉 1267
1457 / 青釉碗标本 1268
1458 / 青釉折沿洗标本 1268
1459 / 青釉折沿洗标本 1269

1460 / 青釉花口洗标本 1269
1461 / 青釉琮式瓶标本 1270
附图 青釉琮式瓶 1270
1462 / 青釉印花八卦纹炉标本 1271
附图 青釉印花八卦纹三足炉 1271
1463 / 青釉印花朵花纹碗标本 1272
1464 / 青釉印花双鱼纹洗标本 1272
附图 青釉印花双鱼纹折沿洗 1273
1465 / 青釉印花双鱼纹洗标本 1274
1466 / 青釉里印花双鱼纹外刻花莲瓣纹洗标本 1275
1467 / 青釉里印花双鱼纹外刻花莲瓣纹折沿洗标本 1275
1468 / 青釉刻花牡丹纹盒标本 1276
1469 / 青釉刻花莲瓣纹器盖标本 1276
1470 / 青釉刻花莲瓣纹碗标本 1277
1471 / 青釉刻花莲瓣纹碗标本 1277
1472 / 青釉刻花荷叶纹花口碗标本 1278
1473 / 青釉刻花莲瓣纹折沿洗标本 1278
1474 / 青釉仿官出戟炉标本 1279
附图 青釉仿官出戟三足炉 1279
1475 / 青釉仿官盘标本 1280
1476 / 青釉仿官盘标本 1280
1477 / 青釉模印菊瓣式洗标本 1281
1478 / 青釉模印菊瓣式洗标本 1281
1479 / 青釉壶标本 1282
附图 青釉壶 1283
1480 / 青釉三足炉标本 1284
1481 / 青釉器盖标本 1284
1482 / 青釉盘标本 1285
1483 / 青釉折沿盘标本 1285
1484 / 青釉印花花卉纹瓶标本 1286
附图 青釉印花花卉纹尊 1286
1485 / 青釉印花花卉纹罐标本 1287
1486 / 青釉印花龙纹罐标本 1288
1487 / 青釉印花卷枝纹炉标本 1288
1488 / 青釉印花八卦纹炉标本 1289
1489 / 青釉印花三足炉标本 1289
1490 / 青釉印花八卦纹三足炉标本 1290
附图 青釉印刻花八卦纹三足筒式炉 1290
1491 / 青釉印花条纹三足炉标本 1291
1492 / 青釉印花花卉纹碗标本 1291
1493 / 青釉印花花卉纹碗标本 1292
1494 / 青釉印花莲花纹碗标本 1292
1495 / 青釉印花莲花纹碗标本 1293
1496 / 青釉印花双鱼纹碗标本 1293
1497 / 青釉印花双鱼纹碗标本 1294
1498 / 青釉印花双鱼纹碗标本 1294
1499 / 青釉印花“王”字碗标本 1295
1500 / 青釉印花花卉纹“清河”铭碗标本 1295
1501 / 青釉印花花卉纹“清河”铭碗标本 1296
1502 / 青釉印花花卉纹“金玉满堂”铭碗标本 1296
1503 / 青釉印花花卉纹“刘宅”铭碗标本 1297
1504 / 青釉印花莲花纹花口碗标本 1297
1505 / 青釉印花花卉纹盘标本 1298
1506 / 青釉印花菊花纹盘标本 1298
1507 / 青釉印花龙纹盘标本 1299
1508 / 青釉印花龙纹盘标本 1299
1509 / 青釉印花花卉纹菱花口折沿盘标本 1300
1510 / 青釉印花龙纹菱花口折沿盘标本 1300
1511 / 青釉印花菊瓣纹高足杯标本 1301

1512 / 青釉印花龙纹高足杯标本 1301
1513 / 青釉里印花外刻花
花卉纹碗标本 1302
1514 / 青釉里印花外刻花
花卉纹碗标本 1302
1515 / 青釉里印花花卉纹外
刻花菊瓣纹碗标本 1303
1516 / 青釉里印花花卉纹外
刻花莲瓣纹碗标本 1303
1517 / 青釉里印花花卉纹外
刻花莲瓣纹碗标本 1304
1518 / 青釉里印花花卉纹外
刻花莲瓣纹碗标本 1304
1519 / 青釉里印花凤纹外刻花
莲瓣纹碗标本 1305
1520 / 青釉里印花花卉纹“和高”
铭外刻花碗标本 1305
1521 / 青釉里印花花卉纹外
刻弦纹花口碗标本 1306
1522 / 青釉里印花菊瓣纹外
刻花菊瓣纹花口碗标本 1306
1523 / 青釉里刻花外印花花卉纹碗标本 1307
1524 / 青釉里印划花花卉纹外
刻花莲瓣纹碗标本 1307
1525 / 青釉刻花条纹盖罐标本 1308
附图 青釉刻花条纹荷叶式盖罐 1309
1526 / 青釉刻花花卉纹碗标本 1310
1527 / 青釉里刻花荷莲纹外
刻花莲瓣纹碗标本 1310
1528 / 青釉刻花菊花纹盘标本 1311
1529 / 青釉刻花几何纹盘标本 1311
1530 / 青釉刻花花卉纹折沿盘标本 1312
1531 / 青釉刻花花卉纹花口花盆标本 1312
1532 / 青釉刻划印花花卉纹盘标本 1313
1533 / 青釉刻划花莲花纹高足杯标本 1313
1534 / 青釉划花花卉纹印字
菱花口折沿盘标本 1314
1535 / 青釉划花凤纹菱花口折沿盘标本 1314
1536 / 青釉贴花鼓钉纹炉标本 1315
1537 / 青釉露胎贴花人物纹托盘标本 1315
1538 / 青釉褐斑八方盘标本 1316
附图 青釉褐斑八方盘 1317
1539 / 青釉红斑碗（匜）标本 1318
1540 / 青釉刻花花卉纹高足碗标本 1318
1541 / 窑具标本 1319
1542 / 窑具标本 1319
1543 / 窑具标本 1319
1544 / 青釉瓶标本 1321
1545 / 青釉罐标本 1321
1546 / 青釉盘标本 1322
1547 / 青釉折沿盘标本 1323
1548 / 青釉折沿盘标本 1323
1549 / 青釉印花碗标本 1324
1550 / 青釉模印菊瓣纹折沿盘标本 1324
1551 / 青釉模印菊瓣纹折沿盘标本 1325
1552 / 青釉印花双鱼洗标本 1326
1553 / 青釉刻花花卉纹盘标本 1327
1554 / 青釉刻花菊瓣纹盘标本 1327
1555 / 青釉里划花篦划纹
外弦纹碗标本 1328
1556 / 青釉里划花篦点纹外
刻线纹碗标本 1328
1557 / 窑具标本 1329
1558 / 青釉罐标本 1331
1559 / 青釉炉标本 1331
1560 / 青釉碗标本 1332
1561 / 青釉高足碗标本 1332
1562 / 青釉盘标本 1333

1563 / 青釉折沿盘标本 1334
1564 / 青釉弦纹炉标本 1334
1565 / 青釉印花八卦炉标本 1334
1566 / 青釉印花鼓钉八卦纹炉标本 1335
1567 / 青釉印花花卉纹碗标本 1335
1568 / 青釉印花花卉纹盘标本 1336
1569 / 青釉模印菊瓣纹折沿盘标本 1337
1570 / 青釉模印菊瓣纹折沿花口盘标本 1337
1571 / 青釉刻花罐标本 1338
1572 / 青釉刻花花卉纹碗标本 1338
1573 / 青釉刻花花卉纹盘标本 1339
1574 / 青釉刻花花卉纹高足杯标本 1339
1575 / 青釉印“金玉满堂”铭碗标本 1341
1576 / 青釉印花花卉纹碗标本 1341
1577 / 青釉印花花卉纹碗标本 1342
1578 / 青釉印花花卉纹碗标本 1343
1579 / 青釉印花花卉纹碗标本 1344
1580 / 青釉印花菊瓣纹碗标本 1345
1581 / 青釉印花花卉纹花口碗标本 1345
1582 / 青釉印花花卉纹盘标本 1346
1583 / 青釉印花花卉纹盘标本 1347
1584 / 青釉印花花卉纹盘标本 1348
1585 / 青釉印花花卉纹花式盘标本 1348
1586 / 青釉模印菊瓣纹盘标本 1349
1587 / 青釉模印菊瓣纹折沿花口盘标本 1350
1588 / 青釉印花鹿纹高足杯标本 1352
1589 / 青釉印花“仲夫”铭高足杯标本 1352
1590 / 青釉里印花花卉纹外刻线纹碗标本 1353
1591 / 青釉里印花菊瓣纹外刻花莲瓣纹碗标本 1354
1592 / 青釉刻花莲瓣纹碗标本 1354
1593 / 青釉刻花莲瓣纹碗标本 1355
1594 / 青釉刻花折沿盘标本 1355
1595 / 青釉刻花高足杯标本 1356
1596 / 青釉里印刻划花花卉纹外刻花莲瓣纹碗标本 1357
1597 / 青釉里印刻划花花卉纹外刻花莲瓣纹碗标本 1358
1598 / 青釉里印刻划花花卉纹外刻花莲瓣纹碗标本 1358
1599 / 青釉里刻划花花卉纹外刻花莲瓣纹碗标本 1359
1600 / 青釉里刻划花花卉纹外刻花莲瓣纹碗标本 1359
1601 / 青釉里刻划花花卉纹外刻花莲瓣纹碗标本 1360
1602 / 窑具标本 1361
1603 / 窑具标本 1361

庆元窑

1604 / 青釉瓶标本 1364
1605 / 青釉罐标本 1364
1606 / 青釉双系罐标本 1365
1607 / 青釉盘口壶标本 1365
1608 / 青釉碗标本 1366
1609 / 黑釉碗标本 1369
1610 / 黑釉碗标本 1370
1611 / 黑釉碗标本 1371
1612 / 黑釉碗标本 1372
1613 / 黑釉碗标本 1374
1614 / 黑釉碗标本 1375
1615 / 黑釉碗标本 1376
1616 / 青釉碗标本 1378
1617 / 青釉碗标本 1379
1618 / 窑具标本 1380
1619 / 窑具标本 1381

1620 / 青釉炉标本 1383
1621 / 青釉器标本 1383
1622 / 青釉碗标本 1384
1623 / 青釉碗标本 1385
1624 / 青釉碗标本 1385
1625 / 青釉碗标本 1386
1626 / 青釉碗标本 1388
1627 / 青釉盘标本 1389
1628 / 青釉高足杯标本 1389
1629 / 青釉印花双鱼纹碗标本 1390
1630 / 青釉刻花菊瓣纹碗标本 1390
1631 / 青釉里刻花花卉纹外刻线纹碗标本 1391
1632 / 青釉刻花叶纹花口盘标本 1391
1633 / 青釉碗标本 1393
1634 / 青釉碗标本 1394
1635 / 青釉碗标本 1396
1636 / 青釉碗标本 1397
1637 / 青釉花口盘标本 1397
1638 / 青釉瓶标本 1399
1639 / 青釉梅瓶标本 1399
1640 / 青釉炉标本 1400
1641 / 青釉三足炉标本 1400
1642 / 青釉三足炉标本 1401
1643 / 青釉三足炉标本 1402
1644 / 青釉灯标本 1402
1645 / 青釉碗标本 1403
1646 / 青釉碗标本 1404
1647 / 青釉碗标本 1405
1648 / 青釉弦纹炉标本 1405
1649 / 青釉弦纹炉标本 1406
1650 / 青釉印花八卦纹三足炉标本 1406
1651 / 青釉印花八卦纹三足炉标本 1407
1652 / 青釉印花八卦纹三足炉标本 1408
1653 / 青釉印花花卉纹碗标本 1408
1654 / 青釉印花花卉纹碗标本 1409
1655 / 青釉印花花卉纹碗标本 1410
1656 / 青釉刻花叶纹瓶标本 1411
1657 / 青釉刻弦纹瓶标本 1411
1658 / 青釉印花人物纹碗标本 1412
1659 / 青釉印花银锭纹碗标本 1412
1660 / 青釉印花“福”字碗标本 1413
1661 / 青釉印花“富”字碗标本 1414
1662 / 青釉印花“吉”字 碗标本 1414
1663 / 青釉印花“玉”字碗标本 1415
1664 / 青釉里印花“满”字碗标本 1415
1665 / 青釉印花“满”字碗标本 1416
1666 / 青釉里印花“满”字外刻菊瓣纹碗标本 1416
1667 / 青釉里印花“满”字外刻菊瓣纹碗标本 1417
1668 / 青釉里印花“满”字外刻线纹碗标本 1418
1669 / 青釉里印花人物纹外刻菊瓣纹碗标本 1418
1670 / 青釉里印花银锭纹外刻花瓣纹碗标本 1419
1671 / 青釉里印花“满”字外刻莲瓣纹盘标本 1419
1672 / 青釉刻花瓶标本 1420
1673 / 青釉刻花花卉纹三足炉标本 1420
1674 / 青釉刻花花卉纹三足炉标本 1420
1675 / 青釉刻花花叶纹三足炉标本 1421
1676 / 青釉刻花篦划花叶纹三足炉标本 1421
1677 / 青釉刻花菊瓣纹碗标本 1422
1678 / 窑具标本 1423
1679 / 窑具标本 1423

List of Plates

Zhejiang Province

Deqing Kiln

1 / Specimens of stained hard-pottery jar 104
2 / Specimens of primitive green glaze jar 105
3 / Specimens of primitive green glaze jar 106
4 / Specimens of primitive green glaze jar 107
5 / Specimens of primitive green glaze jar cover 107
6 / Specimens of primitive green glaze pot 108
7 / Specimens of primitive green glaze cover 109
8 / Specimen of primitive green glaze plate 109
9 / Specimens of primitive green glaze ware with high stem 110
10 / Specimens of kiln furniture 111
11 / Specimen of primitive green glaze bowl 112
12 / Specimen of primitive green glaze shallow bowl 112
13 / Specimens of primitive green glaze shallow bowl 113
14 / Specimens of primitive green glaze shallow bowl 114
15 / Specimens of primitive green glaze shallow bowl 116
16 / Specimens of kiln furniture 118
17 / Specimen of primitive green glaze bowl 121
18 / Specimens of primitive green glaze bowl 122
19 / Specimens of primitive green glaze bowl 124
20 / Specimens of primitive green glaze bowl 126
21 / Specimens of primitive green glaze cup 127
22 / Specimen of primitive green glaze jar with incised line design 128
23 / Specimens of primitive green glaze jar with incised line design 128
24 / Specimens of primitive green glaze bowl with incised line design 129
25 / Specimens of primitive green glaze jar 131
26 / Specimens of primitive green glaze bowl 132
27 / Specimens of primitive green glaze cup 133
28 / Specimens of primitive green glaze cup 134
29 / Specimens of primitive green glaze cup 136
30 / Specimen of primitive green glaze bowl with incised line design 137
31 / Specimens of primitive green glaze bowl with incised line design 138
32 / Specimens of primitive green glaze bowl with incised line design 139

33 / Specimen of green glaze jar 141
34 / Specimen of green glaze jar with two handles 141
35 / Specimens of green glaze bowl 142
36 / Specimens of green glaze bowl 144
37 / Specimens of green glaze bowl 146
38 / Specimen of blackish brown glaze jar with two handles 147
39 / Specimens of blackish brown glaze vat 147
40 / Specimens of blackish brown glaze bowl 148
41 / Specimens of blackish brown glaze bowl 149
42 / Specimens of blackish brown glaze bowl 150
43 / Specimens of blackish brown glaze bowl with design of strings 152
44 / Specimens of kiln furniture 153
45 / Specimens of kiln furniture 153

Yuhang Kiln

46 / Specimen of green glaze pot 156
47 / Specimen of green glaze pot with dish-shaped mouth 156
48 / Specimen of green glaze pot with dish-shaped mouth and two handles 156
49 / Specimen of green glaze bowl 157
50 / Specimen of green glaze bowl 157
51 / Specimens of green glaze bowl 158
52 / Specimens of green glaze bowl 159
53 / Specimen of green glaze bowl 160
54 / Specimen of green glaze alms bowl 161
55 / Specimen of green glaze jar with design of strings 161
56 / Specimen of green glaze jar with design of strings and two handles 162
57 / Specimens of green glaze bowl with design of strings 162
58 / Specimens of green glaze bowl with design of strings 163
59 / Specimens of green glaze bowl with brown speckles 164
60 / Specimen of green glaze bowl with brown speckles 164
61 / Specimens of black glaze pot 165
62 / Specimens of black glaze pot with dish-shaped mouth 166
63 / Specimens of black glaze pot with handles 167
64 / Specimen of black glaze pot with dish-shaped mouth and two handles 167
65 / Specimen of black glaze chicken-spout pot with dish-shaped mouth and two handles 168
Illustration Black glaze chicken-spout pot with dish-shaped mouth and two handles 169
66 / Specimens of black glaze chicken-spout pot 170
67 / Specimen of black glaze lamp 171
68 / Specimen of black glaze bowl 171
69 / Specimen of black glaze bowl 171
70 / Specimen of black glaze bowl 172
71 / Specimen of black glaze plate 172

72 / Specimen of black glaze ink stone 172
73 / Specimens of kiln furniture 173
74 / Specimens of green glaze jar with two handles 175
75 / Specimens of green glaze jar with two handles 175
76 / Specimen of green glaze pot with dish-shaped mouth 176
77 / Specimen of green glaze pot with dish-shaped mouth 176
78 / Specimens of green glaze bowl 177
79 / Specimens of green glaze bowl 178
80 / Specimens of green glaze bowl 180
81 / Specimens of green glaze bowl 181
82 / Specimens of green glaze bowl 182
83 / Specimen of green glaze bowl 183
84 / Specimen of green glaze plate 183
85 / Specimens of green glaze pot with dish-shaped mouth and brown speckles 184
86 / Specimens of green glaze bowl with brown speckles 185
87 / Specimens of green glaze bowl with brown speckles 186
88 / Specimen of black glaze pot with dish-shaped mouth 186
89 / Specimens of blackish brown glaze bowl 187
90 / Specimens of blackish brown glaze bowl 188
91 / Specimens of kiln furniture 189

Guan Kiln, Jiaotan

92 / Specimen of green glaze vase 192
93 / Specimens of green glaze vase 192
94 / Specimens of green glaze vase 193
95 / Specimens of green glaze flower-shaped vase 194
96 / Specimen of green glaze square vase 195
97 / Specimen of green glaze vase with two handles in shape of rings 195
98 / Specimens of green glaze jar 196
99 / Specimen of green glaze melon-shaped jar 196
100 / Specimen of green glaze jar with two handles 196
101 / Specimens of green glaze burner with three-legged design 197
102 / Specimens of green glaze burner with three-legged design 198
103 / Specimens of green glaze burner with ribs and three-legged design 199
104 / Specimens of green glaze burner with two handles 200
105 / Specimen of green glaze burner with fish-shaped handles 201
106 / Specimen of green glaze incense burner 201
107 / Specimen of green glaze cover 202
108 / Specimens of green glaze cover 202
109 / Specimen of green glaze lotus- leaf-shaped cover 203
110 / Specimen of green glaze sacrificial ware 203
111 / Specimens of green glaze refuse-vessel 204

112 / Specimens of green glaze ware with everted flange 205
113 / Specimens of green glaze flower pot with flower rim 206
114 / Specimen of green glaze ewer 206
115 / Specimens of green glaze plate 207
116 / Specimens of green glaze plate 208
Illustration Green glaze waisted plate 209
117 / Specimens of green glaze washer 210
118 / Specimen of green glaze vase with design of string 211
119 / Specimen of green glaze vase of Cong style 211
120 / Specimens of kiln furniture 212
121 / Specimens of kiln furniture 213
122 / Specimens of kiln furniture 214
123 / Specimens of kiln furniture 215

Xiaoshan Kiln

124 / Specimen of green glaze vase with dish-shaped mouth 217
125 / Specimen of green glaze jar with brown speckles and handles 217
126 / Specimen of green glaze bowl with incised lotus-petal design 218
127 / Specimens of green glaze bowl with incised lotus-petal design 219

Lin'an Kiln

128 / Specimens of bluish white glaze vase 222
129 / Specimens of bluish white glaze vase with handles 223
130 / Specimen of bluish white glaze jar with handles 223
131 / Specimen of bluish white glaze pot 223
132 / Specimen of bluish white glaze burner with three-legged design 224
133 / Specimen of bluish white glaze lamp 224
134 / Specimens of bluish white glaze box 225
135 / Specimen of bluish white glaze box 225
136 / Specimens of bluish white glaze vat 226
137 / Specimens of bluish white glaze bowl 227
138 / Specimens of bluish white glaze bowl 228
139 / Specimen of bluish white glaze bowl 229
140 / Specimen of bluish white glaze bowl with flower rim 229
141 / Specimens of bluish white glaze plate 230
142 / Specimen of bluish white glaze basin with everted flange 231
143 / Specimens of bluish white glaze burner with design of strings 231
144 / Specimens of bluish white glaze bowl with design of strings in relief 232
145 / Specimens of bluish white glaze bowl with design of strings in relief 234
146 / Specimen of bluish white glaze jar with stamped design of lines 235
147 / Specimen of bluish white glaze jar with stamped leaf design 235
148 / Specimens of bluish white glaze jar with stamped design of weave patterns 236

149 / Specimen of bluish white glaze jar with handles and stamped lotus- petal design 236
150 / Specimens of bluish white glaze box with stamped chrysanthemum-petal design 237
151 / Specimen of bluish white glaze box with stamped design of lines 237
152 / Specimens of bluish white glaze bowl with stamped flower design 238
153 / Specimen of bluish white glaze bowl with stamped flower design 240
154 / Specimen of bluish white glaze bowl with stamped lotus design 240
155 / Specimens of bluish white glaze bowl with stamped lotus design 241
156 / Specimens of bluish white glaze bowl with stamped lotus design 242
157 / Specimens of bluish white glaze bowl with stamped lotus design 244
158 / Specimen of bluish white glaze bowl with stamped lotus design 245
159 / Specimen of bluish white glaze bowl with stamped Chinese character Yue 245
160 / Specimen of bluish white glaze vase with incised leaf design 246
161 / Specimen of bluish white glaze burner with incised design 246
162 / Specimen of bluish white glaze vat with incised flower-petal design 247
163 / Specimens of bluish white glaze bowl with incised lotus-petal design 247
164 / Specimens of bluish white glaze and black glaze bowls fired together 248
165 / Specimen of bluish white glaze and black glaze bowls fired together 249
166 / Specimen of black glaze bowl 249
167 / Specimens of black glaze bowl 250
168 / Specimens of black glaze bowl 251
169 / Specimens of black glaze bowl 252
170 / Specimen of kiln furniture 253
171 / Specimen of kiln furniture 253
172 / Specimens of green glaze bowl 255
173 / Specimens of green glaze bowl 256
174 / Specimens of green glaze bowl 257
175 / Specimens of green glaze bowl 258
176 / Specimens of green glaze bowl 259
177 / Specimens of green glaze bowl 260
178 / Specimen of green glaze plate with everted flange 260
179 / Specimens of green glaze bowl with stamped flower design 261
180 / Specimen of green glaze bowl 262
181 / Specimen of green glaze bowl with incised line design 262
182 / Specimen of bluish white glaze vat with incised lotus-petal design 263
183 / Specimen of bluish white glaze bowl with incised lotus-petal design 263
184 / Specimen of green glaze and black glaze bowls fired together 264
185 / Specimen of black glaze bowl 264
186 / Specimens of black glaze bowl 265
187 / Specimens of black glaze bowl 266
188 / Specimen of black glaze bowl 268
189 / Specimen of black glaze bowl with green rim 268
190 / Specimen of dark brownish yellow glaze pot (jar) 269
191 / Specimen of dark brownish yellow glaze pot with two handles 269

Shaoxing Kiln

192 / Specimens of green glaze shallow bowl 272
193 / Specimens of green glaze shallow bowl 274
194 / Specimens of kiln furniture 275
195 / Specimens of green glaze shallow bowl 277
196 / Specimens of green glaze shallow bowl 278
197 / Specimens of green glaze shallow bowl 279
198 / Specimen of green glaze melon- shaped pot 280
199 / Specimens of green glaze box 280
200 / Specimen of green glaze cover 281
201 / Specimens of green glaze bowl 281
202 / Specimen of green glaze bowl with incised lotus-petal design 282
203 / Specimen of green glaze bowl with incised lotus-petal design 282
204 / Specimens of green glaze bowl with incised branch scroll design 283
205 / Specimens of green glaze bowl with incised design of four-petaled flower pattern 283
206 / Specimen of green glaze bowl with incised design of five-petaled flower pattern 284
207 / Specimen of green glaze bowl with incised lotus-leaf design 284
208 / Specimen of green glaze plate with incised parrot design 284
209 / Specimens of kiln furniture 285

Shangyu Kiln

210 / Specimen of green glaze jar with two handles 288
211 / Specimen of green glaze jar with stamped cash pattern design 288
212 / Specimen of green glaze jar with stamped mesh design 288
213 / Specimen of green glaze jar with stamped geometric pattern design 289
214 / Specimens of green glaze jar with stamped geometric pattern design 289
215 / Specimen of green glaze jar with stamped design and two handles 290
216 / Specimen of green glaze jar with incised wave design 290
217 / Specimen of green glaze jar with incised wave design and handles 290
Illustration Green glaze jar with incised wave design and four handles 291
218 / Specimen of green glaze jar with incised wave design and handles 292
219 / Specimen of black glaze jar with stamped geometric pattern design 292
220 / Specimen of black glaze jar with stamped geometric pattern design 293
221 / Specimen of black glaze jar with stamped geometric pattern design and handles 293
222 / Specimens of green glaze bowl 295
223 / Specimen of green glaze jar with design of strings 295
224 / Specimens of green glaze jar with stamped mesh design 296
225 / Specimen of green glaze bowl with stamped design of branch scrolls 296
226 / Specimens of green glaze bowl with stamped mesh design 297
227 / Specimens of green glaze washer with stamped mesh design 297
228 / Specimen of green glaze washer with everted flange and stamped mesh design 298
Illustration Green glaze washer with everted flange and stamped mesh design and three legs 298

229 / Specimens of green glaze pot with dish-shaped mouth 299
230 / Specimen of green glaze bowl with incised lotus-petal design 300
231 / Specimen of green glaze bowl with jade Bi bottom 300
232 / Specimen of green glaze jar 300
233 / Specimen of green glaze flower-shaped bowl 301
234 / Specimen of green glaze cup 301
235 / Specimen of green glaze flower-shaped cup 302
236 / Specimen of green glaze bowl with incised lotus-petal design 302
237 / Specimen of green glaze flower-shaped bowl with incised design 302
238 / Specimen of green glaze melon- shaped pot 303
239 / Specimen of green glaze melon-shaped pot with two handles 303
240 / Specimen of green glaze box 304
241 / Specimen of green glaze jar with incised lotus-petal design 304
242 / Specimen of green glaze melon-shaped pot with incised design 304
243 / Specimen of green glaze melon-shaped pot with two handles and incised design 305
244 / Specimen of green glaze bowl with incised design 305
245 / Specimen of green glaze bowl with incised design of rays 306
246 / Specimen of green glaze cup with incised lotus-petal design 306
247 / Specimen of green glaze pot with incised floral design 307
248 / Specimen of green glaze melon-shaped pot with incised floral design 307
249 / Specimen of green glaze box with incised floral design 307
250 / Specimen of green glaze plate with incised flower design 308
251 / Specimen of green glaze pot with incised floral design 309
252 / Specimen of green glaze melon-shaped pot with incised design 309
253 / Specimen of green glaze bowl with incised floral design 309
254 / Specimens of green glaze bowl with incised floral design 310
255 / Specimen of green glaze cover in openwork 311
256 / Specimen of kiln furniture 311
257 / Specimens of kiln furniture with stamped Chinese character Wang 311
258 / Specimen of green glaze jar 313
259 / Specimen of green glaze jar with handles 313
260 / Specimen of green glaze box cover 314
261 / Specimen of green glaze bowl 314
262 / Specimen of green glaze jar with design of strings 315
263 / Specimen of green glaze jar with handles and stamped mesh design 315
264 / Specimens of green glaze bowl with stamped mesh design 315
265 / Specimens of kiln furniture 316
266 / Specimens of kiln furniture 317

Yue Kiln

267 / Specimen of green glaze alms bowl with stamped mesh design 320
Illustration Green glaze water container with stamped mesh design 321

268 / Specimen of green glaze lion-shaped base 322
Illustration Green glaze lion-shaped base 323
269 / Specimen of green glaze container for the night 324
270 / Specimen of green glaze vase with design of eight ribs 324
Illustration Green glaze vase with design of eight ribs 325
271 / Specimen of green glaze vase with design of eight ribs 326
272 / Specimen of green glaze long-necked vase 326
273 / Specimen of green glaze melon- shaped jar 327
274 / Specimen of green glaze pot 327
275 / Specimen of green glaze pot 328
276 / Specimen of green glaze pot 328
Illustration Green glaze pot 329
277 / Specimens of green glaze melon-shaped pot 330
278 / Specimen of green glaze melon-shaped pot with two handles 331
Illustration Green glaze melon-shaped pot with two handles 331
279 / Specimen of green glaze lamp 332
280 / Specimen of green glaze cover 332
281 / Specimen of green glaze bowl 333
Illustration Green glaze flower-shaped bowl 333
282 / Specimen of green glaze bowl with jade Bi bottom 334
Illustration Green glaze bowl with jade Bi bottom 334
283 / Specimen of green glaze bowl with jade Bi bottom 335
Illustration Green glaze bowl with jade Bi bottom and incised design 335
284 / Specimen of green glaze bowl with jade Bi bottom 336
285 / Specimens of green glaze flower-shaped bowl 336
Illustration Green glaze flower-shaped bowl 337
286 / Specimen of green glaze cup 338
287 / Specimen of green glaze flower-shaped cup 338
288 / Specimen of green glaze begonia-shaped cup 339
Illustration Green glaze begonia-shaped cup 339
289 / Specimens of green glaze cover with design of strings 340
290 / Specimen of green glaze flower-shaped cup with stamped design 340
291 / Specimen of green glaze flower-shaped cup with stamped flower and bird design 341
292 / Specimen of green glaze box cover with incised floral design 341
293 / Specimen of green glaze box cover with incised flower and leaf design 342
Illustration Green glaze box with incised flower and leaf design 342
294 / Specimen of green glaze jar with incised leaf design 343
Illustration Green glaze jar with two handles 343
295 / Specimen of green glaze cover with incised floral design 344
Illustration Green glaze box 344
296 / Specimen of green glaze cup with incised floral design 345
297 / Specimens of green glaze flower-shaped cup with incised floral design 345

298 / Specimens of green glaze flower-shaped cup with incised floral design 346
Illustration Green glaze shallow bowl with incised flower design 347
299 / Specimen of green glaze flower-shaped cup with incised floral design 348
300 / Specimens of green glaze box 349
Illustration Green glaze box with design of strings 349
301 / Specimen of green glaze flower-shaped overlapping box 350
302 / Specimen of green glaze flower-shaped bowl 350
Illustration Green glaze flower-shaped bowl 351
303 / Specimens of green glaze box with design of strings 352
304 / Specimen of green glaze flower-shaped overlapping box with stamped design 352
305 / Specimen of green glaze bowl with stamped floral design 352
306 / Specimen of green glaze flower-shaped bowl with stamped floral design 353
307 / Specimen of green glaze bowl with incised lotus-petal design 353
308 / Specimen of green glaze bowl with incised lotus-petal design 353
309 / Specimen of green glaze flower-shaped overlapping box with incised design 353
310 / Specimens of green glaze bowl with inscription of Chinese characters Tai Ping Wu Yin 354
311 / Specimens of green glaze bowl with inscription of Chinese characters Tai Ping Wu Yin 355
312 / Specimen of green glaze bowl with inscription of Chinese characters Tai Xuan (Ping) Wu Yin 355
313 / Specimen of green glaze bowl with inscription of Chinese characters Duan Gong Yuan Nian 355
314 / Specimens of green glaze bowl with inscription of Chinese character Da 356
315 / Specimen of green glaze bowl with inscription of Chinese character Gong 357
316 / Specimen of green glaze bowl with inscription of Chinese character Ji 357
317 / Specimen of green glaze bowl with inscription of Chinese character Ji 358
318 / Specimen of green glaze bowl with inscription of Chinese character Quan 358
319 / Specimen of green glaze bowl with incised parrot design and inscription of Chinese character Xin 359
320 / Specimen of green glaze bowl with incised lotus-leaf and tortoise design and inscription of Chinese characters Tai Ping Wu Yin 360
321 / Specimen of green glaze jar 360
322 / Specimen of green glaze jar with two handles 361
323 / Specimen of green glaze box 361
324 / Specimen of green glaze box 362
325 / Specimen of green glaze bowl with inscription of Chinese character Shang 362
326 / Specimen of green glaze saucer 363
327 / Specimen of green glaze saucer 364
328 / Specimen of green glaze flower-shaped saucer 364
329 / Specimen of green glaze plate 364
330 / Specimen of green glaze plate with flower rim 365
Illustration Green glaze plate with rim in shape of water chestnut flower and incised flower design 365
331 / Specimen of green glaze plate with inscription of Chinese characters Liu Yue Ba Ri Zao Ci 366

332 / Specimen of green glaze box with stamped floral design 366
333 / Specimen of green glaze plate with stamped dragon design 367
334 / Specimens of green glaze bowl with stamped lotus-seed design inside and incised lotus-petal outside 368
335 / Specimen of green glaze box with stamped and incised flower and bird design 369
336 / Specimen of green glaze plate with stamped and incised floral design 369
337 / Specimen of green glaze bowl with incised lotus-petal design 370
338 / Specimen of green glaze plate with incised flower design 370
339 / Specimen of green glaze melon-shaped pot with incised design 370
Illustration Green glaze alms bowl with incised flower design 371
340 / Specimens of green glaze melon-shaped pot with incised design 372
341 / Specimen of green glaze box with incised floral design 373
342 / Specimen of green glaze chrysanthemum-petal-shaped saucer with incised floral design 373
343 / Specimen of green glaze saucer with incised lotus-petal design 373
344 / Specimen of green glaze plate with incised flower design 374
345 / Specimen of green glaze plate with incised flower-petal design 374
346 / Specimen of green glaze box with incised flower design 374
347 / Specimen of green glaze bowl with incised floral design 375
348 / Specimen of green glaze bowl with incised floral design 375
349 / Specimen of green glaze bowl with incised design of four-petaled flower pattern 376
350 / Specimen of green glaze bowl with incised design of four-petaled flower pattern 376
351 / Specimen of green glaze bowl with incised lotus-petal design 376
352 / Specimen of green glaze bowl with incised lotus-leaf design 377
353 / Specimen of green glaze bowl with incised design of branch scrolls 377
354 / Specimen of green glaze bowl with incised phoenix design 377
355 / Specimen of green glaze bowl with incised flower and bird design 378
356 / Specimen of green glaze bowl with incised flower and bird design 379
357 / Specimen of green glaze bowl with incised design of pair butterflies 379
358 / Specimens of green glaze saucer with incised design 379
359 / Specimens of green glaze plate with incised floral design 380
360 / Specimen of green glaze plate with incised dragon design 381
361 / Specimen of green glaze plate with incised phoenix design 381
362 / Specimens of green glaze plate with incised phoenix design 382
363 / Specimen of green glaze plate with incised phoenix design 383
364 / Specimens of green glaze plate with incised parrot design 383
365 / Specimen of green glaze plate with incised parrot design 384
366 / Specimen of green glaze plate with incised flower and bird design 385
367 / Specimens of green glaze plate with incised design of pair butterflies 385
368 / Specimen of green glaze plate with incised design of pair butterflies and inscription of Chinese Characters Tai Ping Wu Yin 386
369 / Specimen of green glaze bowl with incised parrot design inside and lotus-petal design outside and inscription of Chinese character Xin 386

370 / Specimens of green glaze pot with applied design of landscape and figure 387
371 / Specimen of green glaze pillow in openwork with incised design of children at play 387
372 / Specimen of green glaze incense burner with design of flora in openwork 388
373 / Specimens of green glaze overlapping box with design of flora in openwork 389
374 / Specimen of green glaze cover with design of flora in openwork 389
375 / Specimen of kiln furniture 390
376 / Specimens of kiln furniture with incised Chinese character 390
377 / Specimens of kiln furniture with incised Chinese character 391
378 / Specimen of green glaze jar with two handles 392
Illustration Green glaze jar with two handles 393
379 / Specimen of green glaze jar with two handles 394
380 / Specimen of green glaze bowl with jade Bi bottom 394
381 / Specimens of green glaze flower-shaped bowl 395
382 / Specimen of green glaze pot 396
Illustration Green glaze melon-shaped pot with two handles 397
383 / Specimens of green glaze pot 398
384 / Specimen of green glaze pot 398
385 / Specimens of green glaze melon-shaped pot 399
386 / Specimens of green glaze melon-shaped pot with two handles 400
387 / Specimens of green glaze melon-shaped pot with two handles 401
388 / Specimen of green glaze melon- shaped pot with two handles 402
389 / Specimen of green glaze melon- shaped pot with two handles 402
390 / Specimen of green glaze bowl with inscription of Chinese character Shang 403
391 / Specimen of green glaze melon-shaped pot with incised design 403
392 / Specimens of green glaze burner with incised lotus-petal design 404
393 / Specimen of green glaze plate with incised floral design 404
394 / Specimens of green glaze plate with incised floral design 405
395 / Specimen of green glaze plate with incised floral design 406
396 / Specimen of green glaze melon-shaped pot with incised floral design 406
397 / Specimen of green glaze melon-shaped pot with incised design and two handles 406
398 / Specimens of green glaze melon-shaped pot with incised floral design 407
399 / Specimen of green glaze plate with incised lotus-leaf design 407
400 / Specimen of green glaze pot with comb-incised floral design 409
401 / Specimen of green glaze cover with comb-incised floral design 409
402 / Specimen of green glaze pillow with comb-incised floral design 409
403 / Specimen of green glaze bowl with comb-incised floral design 409
404 / Specimen of green glaze vase 411
405 / Specimen of green glaze vase 411
406 / Specimens of green glaze vase 412
407 / Specimen of green glaze pot 414
408 / Specimens of green glaze burner with three legs 414
409 / Specimens of green glaze bowl 415
410 / Specimens of green glaze bowl 416

411 / Specimens of green glaze bowl 418
412 / Specimens of green glaze bowl 420
413 / Specimens of green glaze bowl 421
414 / Specimens of green glaze bowl 422
415 / Specimen of green glaze bowl 424
416 / Specimen of green glaze flower-shaped bowl 424
417 / Specimens of green glaze flower-shaped bowl 425
418 / Specimen of green glaze bowl with incised line design 426
419 / Specimen of green glaze bowl with comb-incised flower design 426
420 / Specimen of green glaze bowl with incised design 427
421 / Specimen of green glaze bowl with incised design of four-petaled flower pattern 427
422 / Specimen of green glaze bowl with comb-incised flower design 428
423 / Specimen of green glaze bowl with comb-incised flower design 429
424 / Specimens of green glaze bowl with comb-incised flower design inside and incised lotus-petal design outside 429
425 / Specimens of kiln furniture 430
426 / Specimens of kiln furniture 431
427 / Specimens of kiln furniture 431

Ningbo Kiln

428 / Specimen of green glaze ink stone with three-legged design 433
429 / Specimens of green glaze jar with stamped design of geometric patterns 433
430 / Specimen of green glaze jar with stamped design of geometric patterns 434
431 / Specimen of green glaze jar with stamped design of geometric patterns and incised Chinese character 434
432 / Specimen of green glaze jar with incised wave design 434
433 / Specimen of green glaze pot with incised wave design 435
434 / Specimen of green glaze pot with two handles and incised wave design 435
435 / Specimen of black glaze washer with design of strings 435
436 / Specimen of black glaze jar with stamped design of geometric patterns 436
437 / Specimen of black glaze jar with incised wave design 436
438 / Specimen of black glaze jar with two handles and incised wave design 437
439 / Specimen of black glaze jar with two handles and incised wave design 437
440 / Specimens of green glaze lamp 438
441 / Specimen of green glaze lamp with inscription of Chinese characters He Jiu Tai 438
442 / Specimen of green glaze box 439
443 / Specimen of green glaze cover 439
444 / Specimen of green glaze bowl with brown speckles 439
445 / Specimens of green glaze pot 440
446 / Specimen of green glaze melon-shaped pot 440
447 / Specimens of green glaze pot with two hanldes 441
448 / Specimen of green glaze bowl 441

449 / Specimen of green glaze bowl 442
450 / Specimen of green glaze flower-shaped bowl 442
451 / Specimen of green glaze bowl with inscription of Chinese characters Tai Ping Wu Yin 443
452 / Specimen of green glaze bowl with incised lotus-petal design 443
453 / Specimen of green glaze plate with incised floral design 443
454 / Specimens of green glaze jar with incised flower and leaf design 444
455 / Specimen of green glaze melon-shaped pot with incised design 445
456 / Specimen of green glaze melon-shaped pot with incised design 445
457 / Specimens of green glaze bowl with incised lotus-leaf design 445
458 / Specimen of green glaze flower-shaped bowl with incised flower and leaf design 446
459 / Specimen of green glaze pot (jar) of furnace transmutation 446
460 / Specimens of kiln furniture 447

Yinxian Kiln

461 / Specimen of green glaze alms bowl 449
Illustration Green glaze alms bowl 449
462 / Specimens of green glaze pot 450
463 / Specimen of green glaze melon-shaped pot 451
464 / Specimen of green glaze box 451
465 / Specimen of green glaze bowl 452
466 / Specimen of green glaze vase with lout-turned mouth and design of strings in relief 452
467 / Specimen of green glaze vase with incised lotus-petal design 453
468 / Specimen of green glaze pot with incised lotus-petal design 453
469 / Specimen of green glaze box with incised design of branch scrolls 453
470 / Specimen of green glaze bowl with incised medallion design 454
471 / Specimen of green glaze bowl with incised lotus-petal design 454
472 / Specimen of green glaze alms bowl with incised lotus-petal design 454
473 / Specimen of green glaze saucer with incised design 455
474 / Specimens of green glaze plate with incised floral design 455
475 / Specimens of green glaze plate with incised floral design 456
476 / Specimens of green glaze plate with incised floral design 457
477 / Specimen of green glaze melon-shaped pot with incised louts-petal design 457
478 / Specimen of green glaze box with incised floral design 458
479 / Specimen of green glaze bowl with incised lotus-petal design 459
480 / Specimen of green glaze alms bowl with incised lotus-petal design 459
481 / Specimens of green glaze plate with incised floral design 460
482 / Specimen of green glaze pot (jar) with incised floral design 461
483 / Specimen of green glaze box with incised flower and leaf design 461
484 / Specimen of green glaze bowl with incised flower design 462
485 / Specimen of green glaze bowl with incised floral design 462
486 / Specimen of green glaze bowl with incised design of four-petaled flower pattern 463
487 / Specimen of green glaze bowl with incised lotus-leaf design 463

488 / Specimens of green glaze bowl with incised parrot design 464
489 / Specimen of green glaze bowl with incised design of pair butterflies 464
490 / Specimen of green glaze bowl with incised wave design 465
491 / Specimen of green glaze bowl with incised wave design 465
492 / Specimens of green glaze saucer with incised design of branch scrolls 466
493 / Specimen of green glaze plate with incised floral design 466
494 / Specimens of green glaze burner with incised line and applied animal mask design 467

Fenghua Kiln

495 / Specimens of green glaze vase 470
496 / Specimens of green glaze vase 471
497 / Specimens of green glaze pot 472
498 / Specimen of green glaze melon-shaped pot 473
499 / Specimen of green glaze bowl 473
500 / Specimens of green glaze bowl 474
501 / Specimens of green glaze bowl 475
502 / Specimen of green glaze bowl 476
503 / Specimen of green glaze bowl 476
504 / Specimen of green glaze bowl 477
505 / Specimen of green glaze bowl 477
506 / Specimens of green glaze bowl 478
507 / Specimens of green glaze shallow bowl 479
508 / Specimen of green glaze vase with design of strings 480
509 / Specimen of green glaze jar with design of strings 480
510 / Specimen of green glaze jar with handles and design of strings 481
511 / Specimen of green glaze jar with handles and design of strings 481
512 / Specimen of green glaze bowl with incised flower-petal design 482
513 / Specimen of green glaze bowl with incised design of panels 482
514 / Specimens of green glaze bowl with incised design of panels 483
515 / Specimens of green glaze bowl with incised design of rays 484
516 / Specimens of green glaze bowl with incised design of rays 485
517 / Specimen of green glaze bowl with incised design of rays 486
518 / Specimen of green glaze bowl with comb-incised design 486
519 / Specimens of kiln furniture 487
520 / Specimen of kiln furniture 487

Xiangshan Kiln

521 / Specimen of green glaze pot 492
522 / Specimens of green glaze alms bowl 492
523 / Specimen of green glaze alms bowl 493
524 / Specimens of green glaze alms bowl 493
525 / Specimens of green glaze alms bowl 494

526 / Specimens of kiln furniture 495
527 / Specimens of kiln furniture 495
528 / Specimen of green glaze vase 497
529 / Specimen of green glaze jar 498
530 / Specimens of green glaze jar 498
531 / Specimens of green glaze jar with two handles 499
532 / Specimens of green glaze bowl 499
533 / Specimens of green glaze bowl 500
534 / Specimen of green glaze bowl 501
535 / Specimen of green glaze bowl 501

Ninghai Kiln

536 / Specimens of green glaze vase 504
537 / Specimens of green glaze vase 505
538 / Specimens of green glaze vase 506
539 / Specimen of green glaze pot 507
540 / Specimens of kiln furniture 507
541 / Specimens of green glaze bowl 508
542 / Specimens of green glaze bowl 509
543 / Specimens of green glaze bowl 510
544 / Specimen of green glaze bowl 511
545 / Specimen of green glaze bowl 511
546 / Specimens of green glaze bowl 512
547 / Specimens of green glaze bowl 514
548 / Specimens of kiln furniture 515

Linhai Kiln

549 / Specimen of green glaze jar with handles 518
550 / Specimen of green glaze jar with two handles 518
551 / Specimens of green glaze pot with dish-shaped mouth 518
552 / Specimens of green glaze bowl 519
553 / Specimens of green glaze bowl 520
554 / Specimen of green glaze plate 522
555 / Specimen of green glaze basin 522
556 / Specimen of green glaze basin with everted flange 522
557 / Specimen of green glaze jar with strings 523
558 / Specimen of green glaze pot with dish-shaped mouth and brown splashes 523
559 / Specimens of green glaze bowl with brown splashes 524
560 / Specimens of green glaze bowl with brown splashes 526
561 / Specimen of green glaze bowl with brown splashes 527
562 / Specimen of green glaze vat with brown splashes and strings 527
563 / Specimens of green glaze bowl 529

564 / Specimens of green glaze bowl 530
565 / Specimens of green glaze bowl 532
566 / Specimens of green glaze bowl 533
567 / Specimen of green glaze alms bowl with strings 533
568 / Specimen of green glaze pot with brown splashes 533
569 / Specimens of green glaze bowl with brown splashes 534
570 / Specimens of green glaze bowl with brown splashes 535
571 / Specimen of flambe glaze jar 536
572 / Specimen of flambe glaze bowl 536
573 / Specimens of kiln furniture 536
574 / Specimen of kiln furniture 537
575 / Specimens of kiln furniture 537
576 / Specimen of green glaze jar 539
577 / Specimens of green glaze jar 539
578 / Specimens of green glaze jar with handles 540
579 / Specimen of green glaze melon-shaped jar with handles 540
580 / Specimen of green glaze pot 541
581 / Specimen of green glaze melon-shaped jar 541
582 / Specimen of green glaze box 541
583 / Specimens of green glaze bowl 542
584 / Specimens of green glaze bowl 544
585 / Specimen of green glaze bowl with flower rim 545
586 / Specimen of green glaze bowl with high stem 545
587 / Specimen of green glaze alms bowl 546
588 / Specimen of green glaze bowl with incised design of rays 546
589 / Specimens of green glaze bowl with incised design of rays 547
590 / Specimen of green glaze bowl with incised design of rays 548
591 / Specimen of green glaze bowl with high stem and incised lotus-petal design 548
592 / Specimens of black glaze bowl 549
593 / Specimen of black glaze bowl 550
594 / Specimen of kiln furniture 550
595 / Specimens of kiln furniture 551
596 / Specimens of kiln furniture 551
597 / Specimen of kiln furniture 552
598 / Specimen of kiln furniture 552
599 / Specimens of kiln furniture 553

Huangyan Kiln

600 / Specimen of green glaze bowl 556
601 / Specimen of green glaze plate 556
602 / Specimen of green glaze bowl with incised floral design 557
603 / Specimen of green glaze bowl with incised chrysanthemum design 557

604 / Specimens of green glaze bowl with incised chrysanthemum design 558
605 / Specimens of green glaze bowl with incised line design 559
606 / Specimen of green glaze bowl with incised line design 560
607 / Specimen of green glaze cover with comb-incised design 560
608 / Specimen of green glaze bowl with comb-incised and stamped medallion of chrysanthemum design 561
609 / Specimens of green glaze bowl with incised floral design 562
610 / Specimens of green glaze bowl with comb-incised design 563
611 / Specimens of green glaze bowl with comb-incised design 564
612 / Specimen of green glaze bowl with comb-incised design 565
613 / Specimen of green glaze bowl with comb-incised design 565
614 / Specimens of green glaze bowl with comb-incised design 566
615 / Specimens of green glaze bowl with comb-incised floral design 567
616 / Specimens of green glaze bowl with comb-incised and stamped medallion of chrysanthemum inside and incised lines outside 568
617 / Specimens of green glaze bowl with comb-incised and stamped medallion of chrysanthemum inside and incised lines outside 570
618 / Specimens of green glaze bowl with comb-incised design 572
619 / Specimen of green glaze bowl with comb-incised design 572
620 / Specimen of green glaze bowl with incised design inside and incised line design outside 573
621 / Specimen of green glaze bowl with incised design of flower-petal inside and lines outside 573
622 / Specimen of green glaze bowl with comb-incised design inside and incised line design outside 574
623 / Specimen of green glaze bowl with comb-incised dots inside and incised line design outside 574
624 / Specimens of kiln furniture 575
625 / Specimen of kiln furniture 575

Taizhou Kiln

626 / Specimen of green glaze jar with handles 578
627 / Specimen of green glaze jar with two handles 578
628 / Specimens of green glaze pot with dish-shaped mouth 578
629 / Specimens of green glaze bowl 579
630 / Specimens of green glaze bowl 580
631 / Specimen of green glaze bowl 582
632 / Specimen of green glaze jar with strings 582
633 / Specimens of green glaze jar with strings 583
634 / Specimen of green glaze jar with brown splashes 583
635 / Specimens of green glaze bowl with brown splashes 584
636 / Specimen of green glaze basin with brown splashes 586

637 / Specimens of green glaze jar with brown splashes and strings 586
638 / Specimen of green glaze jar with brown splashes and strings 586
639 / Specimen of green glaze jar with brown splashes and pearl-bordered medallion 586
640 / Specimens of kiln furniture 587
641 / Specimens of green glaze vase 589
642 / Specimens of green glaze jar with handles 590
643 / Specimen of green glaze jar with handles 591
644 / Specimen of green glaze jar with two handles 591
645 / Specimen of green glaze pot 592
646 / Specimens of green glaze jug 592
647 / Specimens of green glaze bowl 593
648 / Specimens of green glaze bowl 593
649 / Specimen of green glaze washer with everted flange 594
650 / Specimens of green glaze jar with strings 594
651 / Specimen of green glaze pot with strings 595
652 / Specimen of green glaze plate with strings 595
653 / Specimen of green glaze alms bowl with strings 595
654 / Specimens of green glaze alms bowl with strings 596
655 / Specimen of green glaze alms bowl with strings 597
656 / Specimen of green glaze washer with everted flange and strings 597
657 / Specimens of green glaze jar with handles and brown splashes 598
658 / Specimen of green glaze pot with dish-shaped mouth and brown splashes 598
659 / Specimens of green glaze bowl with brown splashes 599
660 / Specimens of green glaze bowl with brown splashes 600
661 / Specimens of green glaze jar with brown splashes and strings 602
662 / Specimen of kiln furniture 603
663 / Specimens of kiln furniture 603
664 / Specimen of green glaze jar with handles 605
665 / Specimen of green glaze jar with two handles 605
666 / Specimens of green glaze bowl 606
667 / Specimens of green glaze bowl 607
668 / Specimen of green glaze bowl 608
669 / Specimen of green glaze bowl 608
670 / Specimen of green glaze alms bowl 608
671 / Specimen of green glaze basin with everted flange 609
672 / Specimen of green glaze vase with dish-shaped mouth and strings 609
673 / Specimens of green glaze vase with dish-shaped mouth and strings 610
674 / Specimens of green glaze washer with strings 610
675 / Specimen of green glaze basin with strings 611
676 / Specimen of green glaze basin with strings 611
677 / Specimens of green glaze basin with strings 611
678 / Specimens of green glaze bowl with brown splashes 612
679 / Specimens of green glaze bowl with brown splashes 613

680 / Specimen of green and black glaze bowl fired together 614
681 / Specimen of kiln furniture 614
682 / Specimens of kiln furniture 615
683 / Specimen of green glaze vase (pot) 616
684 / Specimen of green glaze jar 616
685 / Specimens of green glaze jar with two handles 617
686 / Specimen of green glaze jug 617
687 / Specimens of green glaze bowl 618
688 / Specimens of green glaze bowl 620
689 / Specimen of green glaze alms bowl 621
690 / Specimen of green glaze jar with strings 621
691 / Specimens of green glaze bowl with brown splashes 622
692 / Specimens of kiln furniture 623
693 / Specimens of green glaze vase 625
694 / Specimen of green glaze pot with dish-shaped mouth 625
695 / Specimens of green glaze bowl 626
696 / Specimen of green glaze bowl 627
697 / Specimens of green glaze bowl 627
698 / Specimen of green glaze bowl 628
699 / Specimen of green glaze alms bowl with strings 628
700 / Specimen of green glaze jar with brown splashes 628
701 / Specimen of green glaze pot with dish-shaped mouth and brown splashes 629
702 / Specimens of kiln furniture 629

Wenling Kiln

703 / Specimen of green glaze melon-shaped jar 632
704 / Specimens of green glaze jar with two handles 632
705 / Specimens of green glaze jar with two handles 633
706 / Specimen of green glaze melon-shaped jar with two handles 633
707 / Specimens of green glaze jar (pot) 634
708 / Specimen of green glaze pot 634
709 / Specimens of green glaze pot 635
710 / Specimens of green glaze lamp 636
711 / Specimen of green glaze box 637
712 / Specimen of green glaze bowl 637
713 / Specimens of green glaze bowl 638
714 / Specimens of green glaze bowl with jade-Bi-shaped bottom 639
715 / Specimens of green glaze bowl with jade-Bi-shaped bottom 640
716 / Specimen of green glaze alms bowl 642
717 / Specimen of green glaze alms bowl 642
718 / Specimens of green glaze alms bowl 643
719 / Specimen of green glaze saucer 643

720 / Specimen of green glaze cup 644
721 / Specimens of green glaze bowl with incised design 644
722 / Specimen of speckle-glazed drum 645
723 / Specimen of black glaze drum 645
724 / Specimens of green glaze flower-shaped bowl 646
725 / Specimen of green glaze bowl 648
726 / Specimen of green glaze flower-shaped bowl 648
727 / Specimen of green glaze plate with flower rim 649
728 / Specimen of green glaze bowl with comb-incised design 649
729 / Specimens of black glaze pot 650
730 / Specimen of kiln furniture 651
731 / Specimen of kiln furniture 651
732 / Specimen of green glaze jar 653
733 / Specimen of green glaze jar with handles 654
734 / Specimens of green glaze pot 654
735 / Specimens of green glaze bowl 655
736 / Specimens of green glaze bowl 656
737 / Specimen of green glaze plate 657
738 / Specimen of green glaze saucer 657
739 / Specimens of green glaze jar with handles and strings 658
740 / Specimens of green glaze bowl with incised design of rays 659
741 / Specimen of green glaze pot with design of flora in brown color 660
742 / Specimen of ware of green glaze inside and dark brown glaze outside with high stem 660
743 / Specimens of dark brown glaze jar with handles 661
744 / Specimen of dark brown glaze bowl 661

Leqing Kiln

745 / Specimens of green glaze bowl 664
746 / Specimens of green glaze bowl 666
747 / Specimens of green glaze bowl 668
748 / Specimen of green glaze flower-shaped bowl 669
749 / Specimens of green glaze cup 669
750 / Specimens of green glaze bowl with incised line design 670
751 / Specimens of green glaze bowl with incised line design 671
752 / Specimens of green glaze bowl with incised line design 672
753 / Specimens of green glaze bowl with comb-incised design inside and incised line design outside 673
754 / Specimens of green glaze bowl with comb-incised design 674
755 / Specimens of green glaze bowl with comb-incised design 675
756 / Specimens of green glaze bowl with comb-incised design 676
757 / Specimens of blackish brown glaze bowl 678
758 / Specimens of green glaze bowl with incised line design 681

759 / Specimens of green glaze bowl with comb-incised design 682
760 / Specimens of green glaze bowl with comb-incised design 683
761 / Specimens of green glaze bowl with comb-incised design 684
762 / Specimens of green glaze bowl with comb-incised design 686
763 / Specimen of green glaze bowl with comb-incised design of medallion of chrysanthemum 687
764 / Specimens of kiln furniture 687

Yongjia Kiln

765 / Specimen of green glaze ware 689
766 / Specimens of green glaze bowl 689
767 / Specimens of green glaze bowl 690
768 / Specimen of green glaze bowl with brown splashes 691
769 / Specimen of kiln furniture 691
770 / Specimens of kiln furniture 691
771 / Specimens of green glaze pot (jar) 693
772 / Specimens of green glaze bowl 694
773 / Specimens of green glaze bowl 696
774 / Specimen of green glaze plate 698
775 / Specimen of green glaze jar with design of strings 698
776 / Specimens of kiln furniture 699
777 / Specimen of green glaze burner 701
778 / Specimen of green glaze bowl 701
779 / Specimens of green glaze bowl 702
780 / Specimens of green glaze bowl 704
781 / Specimens of green glaze plate 706
782 / Specimens of green glaze cup with high stem 707
783 / Specimen of green glaze burner with strings 708
784 / Specimen of green glaze bowl with stamped floral design 708
785 / Specimens of green glaze bowl with stamped floral design 709
786 / Specimens of green glaze bowl with stamped floral design 710
787 / Specimen of green glaze bowl with stamped floral design 711
788 / Specimen of green glaze plate with stamped floral design 711
789 / Specimens of green glaze plate with stamped floral design 712
790 / Specimens of kiln furniture 713
791 / Specimen of kiln furniture 713

Wenzhou Kiln

792 / Specimen of green glaze flower-shaped bowl 715
793 / Specimen of green glaze melon-shaped pot 716
794 / Specimens of green glaze melon-shaped pot with two handles 717
795 / Specimens of green glaze flower-shaped bowl 718
796 / Specimens of green glaze bowl with incised lotus-petal design 719

797 / Specimen of green glaze bowl with incised lotus design 719
798 / Specimens of green glaze pot 720
Illustration Green glaze pot with design of fern in brown 721
799 / Specimen of green glaze melon-shaped pot 722
800 / Specimen of green glaze bowl 722
801 / Specimen of green glaze bowl 723
802 / Specimen of green glaze bowl 723
803 / Specimen of green glaze bowl 724
804 / Specimen of green glaze bowl with flower rim 724
805 / Specimen of green glaze saucer 725
806 / Specimen of green glaze plate 725
807 / Specimen of green glaze bowl with incised lotus-petal design 726
808 / Specimen of green glaze bowl with incised lotus-petal and leaf design 727
809 / Specimen of green glaze bowl with incised chrysanthemum design 727
810 / Specimen of green glaze bowl with incised line design 727

Ruian Kiln

811 / Specimen of green glaze melon-shaped vase 729
812 / Specimens of green glaze melon-shaped vase (pot) 730
813 / Specimen of green glaze melon-shaped vase (pot) 731
814 / Specimen of green glaze bowl 731
815 / Specimens of green glaze bowl 732
816 / Specimens of green glaze bowl 733
817 / Specimen of green glaze bowl 734
818 / Specimen of green glaze bowl with everted flange 734
819 / Specimens of green glaze bowl with incised floral design 735
820 / Specimen of green glaze bowl with incised design of rays 736
821 / Specimens of green glaze bowl with incised flower and leaf design 737
822 / Specimen of green glaze bowl with incised flower and leaf design 738
823 / Specimen of green glaze bowl with comb-incised design 738
824 / Specimen of green glaze bowl with incised flower and leaf design inside and incised line design outside 739
825 / Specimens of kiln furniture 739

Cangnan Kiln

826 / Specimen of green glaze melon-shaped pot 742
827 / Specimens of green glaze bowl 743
828 / Specimens of green glaze pot 744
829 / Specimens of green glaze pot 745
830 / Specimens of green glaze bowl 746
831 / Specimens of green glaze bowl 748
832 / Specimens of green glaze bowl 749

833 / Specimens of green glaze bowl with incised design of rays 750
834 / Specimen of dark brown glaze jar with four handles 751
835 / Specimens of green glaze bowl 752
836 / Specimens of green glaze bowl 754
837 / Specimens of green glaze bowl with incised design of rays 755
838 / Specimen of green glaze vase 756
839 / Specimen of green glaze plate 756
840 / Specimen of kiln furniture 757
841 / Specimen of kiln furniture 757
842 / Specimen of bluish white glaze jar 758
843 / Specimen of bluish white glaze bowl 758
844 / Specimens of bluish white glaze bowl 758
845 / Specimen of bluish white glaze bowl 759
846 / Specimen of bluish white glaze waisted plate 759
847 / Specimens of bluish white glaze bowl with comb-incised design 760
848 / Specimen of bluish white glaze bowl with comb-incised design inside and incised lines outside 761
849 / Specimen of kiln furniture 761
850 / Specimens of green glaze bowl 762
851 / Specimens of green glaze bowl 764
852 / Specimens of green glaze bowl 765
853 / Specimen of green glaze vase with two handles 766
854 / Specimen of green glaze bowl 766
855 / Specimens of green glaze bowl 767
856 / Specimens of green glaze bowl with incised design of rays 768
857 / Specimens of green glaze bowl with incised design of rays 769
858 / Specimen of brown glaze jar with two handles 770
859 / Specimens of kiln furniture 770
860 / Specimens of kiln furniture 771

Taishun Kiln

861 / Specimen of green glaze bowl with foot in shape of jade Bi 774
862 / Specimen of black glaze bowl 774
863 / Specimen of black glaze bowl 775
864 / Specimen of black glaze bowl 775
865 / Specimens of black glaze bowl 776
866 / Specimen of black glaze bowl 777
867 / Specimens of green glaze bowl 778
868 / Specimens of green glaze bowl 779
869 / Specimens of green glaze bowl 780
870 / Specimens of green glaze bowl with incised design of panels 782
871 / Specimen of green glaze bowl with incised design of panels 784

872 / Specimens of green glaze bowl with incised lotus design 785
873 / Specimen of green glaze bowl with incised lotus design 786
874 / Specimens of green glaze bowl with comb-incised design 787
875 / Specimens of green glaze bowl with comb-incised design 788
876 / Specimens of black glaze bowl and green glaze bowl fired together 789
877 / Specimens of green glaze plate with everted flange and stamped design of chrysanthemum-petal 790
878 / Specimens of kiln furniture 791
879 / Specimen of kiln furniture 791

Lanxi Kiln

880 / Specimens of green glaze pot 794
881 / Specimens of green glaze melon-shaped pot 795
882 / Specimens of green glaze melon-shaped pot 796
883 / Specimens of green glaze melon-shaped pot 797
884 / Specimens of green glaze bowl 798
885 / Specimens of green glaze bowl 800
886 / Specimens of green glaze bowl 801
887 / Specimens of green glaze alms bowl 802
888 / Specimen of green glaze melon-shaped pot with incised design 802
889 / Specimens of green glaze bowl with incised flower-petal design 803
890 / Specimens of green glaze bowl with incised lotus-petal design 804
891 / Specimens of green glaze bowl with incised lotus-petal design 805
892 / Specimen of green glaze warming bowl with incised flower-petal design 806
893 / Specimen of green glaze alms bowl with incised flower-petal design 806
894 / Specimens of kiln furniture 807
895 / Specimen of kiln furniture 807

Pujiang Kiln

896 / Specimens of green glaze melon-shaped pot 809
897 / Specimens of green glaze melon-shaped pot 810
898 / Specimens of green glaze bowl 811
899 / Specimens of green glaze saucer 812
900 / Specimen of green glaze plate 812
901 / Specimen of green glaze flower-shaped plate 813
902 / Specimen of green glaze pot with incised floral design 813
903 / Specimens of green glaze melon-shaped pot 815
904 / Specimens of green glaze bowl 816
905 / Specimens of green glaze bowl 818
906 / Specimens of green glaze bowl 819
907 / Specimens of green glaze flower-shaped bowl 820
908 / Specimens of green glaze alms bowl 821

909 / Specimen of green glaze bowl with incised flower-petal design 822
910 / Specimen of kiln furniture 822
911 / Specimens of kiln furniture 823

Jinhua Kiln

912 / Specimens of green glaze bowl 826
913 / Specimens of green glaze bowl with incised line design 827
914 / Specimen of green glaze bowl with design of comb-incised dots inside and incised lines outside 828
915 / Specimens of green glaze bowl with design of comb-incised patterns 829
916 / Specimens of green glaze bowl with design of comb-incised patterns 830
917 / Specimen of green glaze plate with design of comb-incised patterns 831
918 / Specimen of kiln furniture 831
919 / Specimen of green glaze bowl with stamped Chinese characters Tian Xia Tai Ping 833
920 / Specimen of green glaze bowl with comb-incised design 833
921 / Specimens of green glaze bowl with comb-incised design inside and incised lines outside 834
922 / Specimens of green glaze bowl with comb-incised design inside and incised lines outside 835
923 / Specimen of green glaze bowl with comb-incised design inside and incised lines outside 835
924 / Specimen of green glaze bowl with comb-incised design inside and incised lines outside 836
925 / Specimen of black glaze jar 836
926 / Specimen of dark brown glaze jar 837
927 / Specimen of dark brown glaze pot 837
928 / Specimen of dark brown glaze jar with drum-nail design 837
929 / Specimen of Jun glaze vase 838
930 / Specimen of Jun glaze vase 838
931 / Specimen of Jun glaze jar 838
932 / Specimen of Jun glaze burner 839
933 / Specimens of Jun glaze burner with three-legged design 839
934 / Specimens of Jun glaze bowl 840
935 / Specimens of Jun glaze bowl 841
936 / Specimens of Jun glaze bowl 842
937 / Specimen of Jun glaze bowl 842
938 / Specimens of Jun glaze bowl 843
939 / Specimens of Jun glaze bowl 844
940 / Specimens of Jun glaze cup with high stem 845
941 / Specimen of Jun glaze flower pot with strings 846
Illustration Jun glaze flower pot with flower rim and strings 846
942 / Specimens of Jun glaze flower pot with flower rim and strings 847
943 / Specimens of Jun glaze washer with drum-nail and three-legged design 848
944 / Specimens of Jun glaze bowl with incised design 849

Wuyi Kiln

945 / Specimen of green glaze bowl 851
946 / Specimen of green glaze bowl with stamped floral design 851
947 / Specimen of green glaze plate with everted flange 852
948 / Specimen of green glaze flower-shaped bowl with stamped flower design 852
949 / Specimen of green glaze vase with incised lotus-petal design 853
950 / Specimen of green glaze melon-shaped pot with incised design 853
951 / Specimen of green glaze bowl with incised flower design 853
952 / Specimen of green glaze bowl with comb-incised design 854
953 / Specimen of green glaze bowl with comb-incised design 854
954 / Specimen of green glaze bowl with comb-incised design 855
955 / Specimen of green glaze bowl with incised medallion design 855
956 / Specimens of green glaze bowl with comb-incised design of dots and medallion of chrysanthemum inside and incised lines outside 856
957 / Specimens of green glaze bowl with comb-incised design inside and incised line design outside 858
958 / Specimens of green glaze bowl with comb-incised dot design inside and incised line design outside 859
959 / Specimen of green glaze plate with incised floral design 860
960 / Specimen of green glaze plate with comb-incised design 860
961 / Specimen of green glaze plate with comb-incised design 860
962 / Specimen of green glaze plate with comb-incised dot design 861
963 / Specimen of kiln furniture 861
964 / Specimen of green glaze pot 862
965 / Specimen of green glaze melon-shaped pot 862
966 / Specimen of green glaze box 863
967 / Specimen of green glaze cover 863
968 / Specimens of green glaze bowl with comb-incised design inside and incised line design outside 864
969 / Specimens of black glaze bowl 865
970 / Specimens of green glaze bowl 866
971 / Specimen of green glaze bowl with incised line design 867
972 / Specimen of green glaze bowl with incised design 867
973 / Specimens of black glaze bowl 868
974 / Specimens of Jun glaze bowl 869
975 / Specimens of green glaze bowl 870
976 / Specimen of green glaze bowl 871
977 / Specimen of green glaze bowl 871
978 / Specimens of green glaze plate 872
979 / Specimens of green glaze bowl with comb-incised design inside and incised line design outside 874
980 / Specimens of green glaze bowl 876

981 / Specimen of green glaze plate 877
982 / Specimens of green glaze bowl 879
983 / Specimens of green glaze bowl 880
984 / Specimen of green glaze bowl 881
985 / Specimen of green glaze plate 881
986 / Specimens of green glaze bowl with stamped flower design 882
987 / Specimens of green glaze plate with stamped flower design 883
988 / Specimens of green glaze plate with stamped flower design 884
989 / Specimens of kiln furniture 885
990 / Specimen of green glaze plate 886
991 / Specimens of green glaze plate with everted flange 886
992 / Specimens of green glaze bowl with comb-incised design of medallion of chrysanthemum inside and incised lines outside 887
993 / Specimens of green glaze bowl with comb-incised design of dots and medallion of chrysanthemum inside and incised lines outside 888
994 / Specimen of green glaze bowl with comb-incised design inside and incised lines outside 889
995 / Specimen of green glaze bowl with comb-incised design inside and incised lines outside 890
996 / Specimen of green glaze plate with incised floral design 890
997 / Specimens of green glaze plate with incised floral design 891
998 / Specimen of green glaze plate with incised floral design 892
999 / Specimens of green glaze bowl with comb-incised dot design inside and incised lines outside 893
1000 / Specimen of green glaze plate with comb-incised flower-petal design 894
1001 / Specimens of green glaze plate with comb-incised flower-petal design and everted flange 895
1002 / Specimens of black glaze bowl 896
1003 / Specimens of black glaze bowl 898
1004 / Specimens of kiln furniture 899
1005 / Specimens of black glaze bowl 900
1006 / Specimens of black glaze bowl 902
1007 / Specimens of black glaze bowl 903

Yiwu Kiln

1008 / Specimens of green glaze bowl 906
1009 / Specimens of green glaze bowl with incised design 907
1010 / Specimens of green glaze bowl with incised design 908
1011 / Specimen of green glaze bowl with incised design inside and incised lines outside 909
1012 / Specimens of green glaze bowl with incised design inside and incised lines outside 910
1013 / Specimens of green glaze bowl with incised design inside and incised lines outside 912
1014 / Specimen of green glaze bowl with incised design inside and incised lines outside 913

1015 / Specimen of green glaze bowl with incised design inside and comb-incised design outside 913
1016 / Specimens of green glaze plate 914
1017 / Specimen of kiln furniture 915
1018 / Specimens of Jun glaze bowl 917
1019 / Specimens of Jun glaze bowl 918
1020 / Specimens of Jun glaze bowl 920
1021 / Specimens of Jun glaze bowl 922
1022 / Specimens of Jun glaze bowl 923
1023 / Specimens of Jun glaze bowl 924
1024 / Specimens of Jun glaze bowl 926
1025 / Specimens of Jun glaze bowl with incised line design 927
1026 / Specimens of bluish brown glaze bowl 928
1027 / Specimens of brown glaze bowl 929

Yongkang Kiln

1028 / Specimens of green glaze pot 932
1029 / Specimen of green glaze melon-shaped pot 932
1030 / Specimens of green glaze melon-shaped pot 933
1031 / Specimens of green glaze melon-shaped pot 933
1032 / Specimens of green glaze bowl 934
1033 / Specimens of green glaze shallow bowl 935
1034 / Specimens of green glaze flower-shaped bowl 936
1035 / Specimen of green glaze flower-shaped bowl 938
1036 / Specimen of green glaze jar with incised design 938
1037 / Specimen of green glaze jar with incised design 939
1038 / Specimen of green glaze bowl with incised flower-petal design 939
1039 / Specimens of green glaze bowl with incised design of rays 940
1040 / Specimens of kiln furniture 942
1041 / Specimens of kiln furniture 943
1042 / Specimen of kiln furniture 943
1043 / Specimen of green glaze jar with handles 944
1044 / Specimens of green glaze bowl 945
1045 / Specimens of green glaze bowl 946
1046 / Specimen of green glaze plate 947
1047 / Specimen of green glaze bowl with incised design of five-petaled flower 947
1048 / Specimens of green glaze bowl with incised lotus-petal design 948
1049 / Specimen of green glaze bowl with incised lotus-petal design 949
1050 / Specimen of green glaze bowl with incised line design 949
1051 / Specimen of green glaze bowl with comb-incised design of five-petaled flower 950
1052 / Specimen of green glaze bowl with incised design 950
1053 / Specimens of green glaze bowl with comb-incised design 951

1054 / Specimens of green glaze bowl with comb-incised design 952
1055 / Specimens of green glaze bowl with comb-incised design 953
1056 / Specimens of green glaze bowl with comb-incised design 954
1057 / Specimen of green glaze bowl with comb-incised design inside and incised line design outside 954
1058 / Specimen of green glaze plate with comb-incised design 955
1059 / Specimen of kiln furniture 955
1060 / Specimen of green glaze pot 956
1061 / Specimen of green glaze melon-shaped pot 956
1062 / Specimens of green glaze bowl 957
1063 / Specimen of green glaze pot with incised flower-petal design 958
1064 / Specimen of green glaze pot with incised lotus-petal design 958
1065 / Specimens of green glaze bowl with incised line design 959
1066 / Specimen of green glaze cup with incised line design 960
1067 / Specimens of green glaze bowl with comb-incised design 961
1068 / Specimens of green glaze bowl with comb-incised design 962
1069 / Specimens of green glaze bowl with comb-incised design 963
1070 / Specimens of green glaze bowl with comb-incised design 964
1071 / Specimens of green glaze bowl with comb-incised design 966
1072 / Specimens of green glaze bowl with comb-incised design 966
1073 / Specimen of green glaze bowl with comb-incised design inside and incised line design outside 967

Dongyang Kiln

1074 / Specimen of green glaze warming bowl with high stem and incised lotus-petal design 972
1075 / Specimen of green glaze vase with flower rim 973
1076 / Specimen of green glaze jar 973
1077 / Specimens of green glaze pot 974
1078 / Specimens of green glaze melon-shaped pot 975
1079 / Specimens of green glaze flower-shaped bowl 976
1080 / Specimens of green glaze flower-shaped bowl 978
1081 / Specimen of green glaze flower-shaped bowl 979
1082 / Specimen of green glaze plate 979
1083 / Specimens of green glaze plate 980
1084 / Specimens of green glaze plate 981
1085 / Specimen of green glaze sacrifice ware with incised flower design 982
1086 / Specimen of green glaze jar with handles and incised flower design 982
1087 / Specimens of kiln furniture 983
1088 / Specimen of green glaze jar with handles 985
1089 / Specimen of green glaze bowl 985
1090 / Specimens of green glaze bowl 986

1091 / Specimen of green glaze bowl 987
1092 / Specimens of green glaze jar with string design 987
1093 / Specimens of green glaze bowl with comb-incised design 988
1094 / Specimen of kiln furniture 989
1095 / Specimens of kiln furniture 989
1096 / Specimens of green glaze pot 990
1097 / Specimen of green glaze melon-shaped pot 991
1098 / Specimen of green glaze melon-shaped pot 991
1099 / Specimens of green glaze melon-shaped pot 992
1100 / Specimens of green glaze melon-shaped pot 993
1101 / Specimen of green glaze pot with handles 993
1102 / Specimen of green glaze pillow 994
1103 / Specimen of green glaze bowl 994
1104 / Specimens of green glaze bowl 995
1105 / Specimen of green glaze bowl 996
1106 / Specimens of green glaze bowl 996
1107 / Specimen of green glaze flower-shaped bowl 997
1108 / Specimen of green glaze saucer 997
1109 / Specimen of green glaze plate 998
1110 / Specimen of green glaze plate 998
1111 / Specimen of green glaze flower-shaped cup 998
1112 / Specimens of green glaze bowl with incised lotus-petal design 999
1113 / Specimen of green glaze alms bowl with incised flower-petal design 1000
1114 / Specimen of green glaze plate with incised floral design 1000
1115 / Specimens of green glaze plate with incised floral design 1001
1116 / Specimen of green glaze plate with incised floral design 1002
1117 / Specimen of green glaze cup with incised floral design 1003
1118 / Specimen of green glaze cup with incised lotus-petal design 1003

Longyou Kiln

1119 / Specimens of green glaze jar with two handles 1005
1120 / Specimens of green glaze jar with incised wave design 1006
1121 / Specimen of opaque glaze jar 1007

Quzhou Kiln

1122 / Specimen of green glaze jar 1010
1123 / Specimens of green glaze jar with two handles 1010
1124 / Specimens of green glaze pot 1011
1125 / Specimens of green glaze bowl 1012
1126 / Specimen of green glaze bowl 1013
1127 / Specimen of green glaze bowl with incised design of lines 1013
1128 / Specimen of green glaze bowl with incised design 1014

1129 / Specimen of green glaze bowl with incised design inside and incised lines outside 1014
1130 / Specimens of green glaze bowl with incised design inside and incised lines outside 1015
1131 / Specimen of green glaze bowl with comb-incised design 1016
1132 / Specimens of green glaze bowl with comb-incised design 1017
1133 / Specimen of green glaze bowl with comb-incised design 1018
1134 / Specimen of green glaze bowl with comb-incised design inside and incised lines outside 1018
1135 / Specimens of green glaze jar with floral design in brown color 1019
1136 / Specimens of green glaze jar with two handles and floral design in brown color 1020
1137 / Specimens of green glaze pot (jar) with floral design in brown color 1021
1138 / Specimens of green glaze pot (jar) with floral design in brown color 1022
1139 / Specimens of green glaze vat with floral design in brown color 1023
1140 / Specimens of green glaze basin with floral design in brown color 1024
1141 / Specimen of green glaze basin with floral design in brown color 1026
1142 / Specimen of green glaze basin with fish design in brown color 1026
1143 / Specimen of green glaze basin with everted flange and floral design in brown color 1026
1144 / Specimens of green glaze basin with everted flange and floral design in brown color 1027
1145 / Specimen of bluish white glaze jar 1028
1146 / Specimen of bluish white glaze bowl 1028
1147 / Specimen of bluish white glaze bowl 1029
1148 / Specimen of bluish white glaze bowl with incised design of lines 1029
1149 / Specimen of black glaze bowl 1030
1150 / Specimens of black brown glaze jar 1030
1151 / Specimen of black brown glaze bowl 1031
1152 / Specimen of black brown glaze saucer 1031
1153 / Specimen of brown glaze jar with handles 1032
1154 / Specimen of brown glaze jar with handles 1032
1155 / Specimens of brown glaze pot 1032
1156 / Specimens of brown glaze pot 1033
1157 / Specimen of brown glaze pot 1034
1158 / Specimens of brown glaze pot 1035
1159 / Specimen of brown glaze pot with two handles 1036
1160 / Specimen of brown glaze basin 1036
1161 / Specimen of kiln furniture 1037
1162 / Specimen of kiln furniture 1037
1163 / Specimen of green glaze melon-shaped pot 1039
1164 / Specimen of green glaze melon-shaped pot and kiln furniture 1039
1165 / Specimens of green glaze bowl 1040
1166 / Specimens of green glaze bowl 1041
1167 / Specimens of black brown glaze bowl 1042
1168 / Specimen of black brown glaze cup 1043
1169 / Specimen of dark brownish yellow glaze flower-shaped bowl 1043
1170 / Specimens of green glaze jar with floral design in brown color 1045

1171 / Specimens of green glaze cover with floral design in brown color 1045
1172 / Specimens of green glaze vat with floral design in brown color 1046
1173 / Specimen of green glaze basin with everted flange and floral design in brown color 1047
1174 / Specimens of green glaze basin with everted flange and floral design in brown color 1048
1175 / Specimens of brown glaze vase 1050
1176 / Specimen of brown glaze pot 1051
1177 / Specimen of brown glaze jar with design of strings and handles 1051

Jiangshan Kiln

1178 / Specimens of black glaze bowl with green rim 1053
1179 / Specimen of black glaze bowl with green rim 1054
1180 / Specimen of black brown glaze jar with two handles 1054
1181 / Specimens of bluish white glaze vase with flower rim 1055
1182 / Specimen of bluish white glaze pot 1056
1183 / Specimens of bluish white glaze melon-shaped pot 1056
1184 / Specimen of bluish white glaze melon-shaped pot 1057
1185 / Specimen of bluish white glaze burner with three-legged design 1057
1186 / Specimens of bluish white glaze chrysanthemum-shaped box 1058
1187 / Specimen of bluish white glaze cover 1059
1188 / Specimen of bluish white glaze bowl 1059
1189 / Specimens of bluish white glaze vase with stamped floral design 1060
1190 / Specimens of bluish white glaze vase with stamped floral design 1061
1191 / Specimens of bluish white glaze vase with stamped floral design 1061
1192 / Specimen of bluish white glaze vase with stamped floral design 1062
1193 / Specimen of bluish white glaze jar with stamped design of branch scrolls 1062
1194 / Specimen of bluish white glaze jar cover with stamped floral design 1062
1195 / Specimens of bluish white glaze burner with stamped design of eight divinatory trigrams 1063
1196 / Specimens of bluish white glaze burner with stamped design of eight divinatory trigrams and with three legs 1064
1197 / Specimens of bluish white glaze chrysanthemum-petal-shaped box with stamped floral design 1065
1198 / Specimens of bluish white glaze chrysanthemum-petal-shaped box with stamped floral design 1065
1199 / Specimens of bluish white glaze cup with high stem and stamped floral design 1066
1200 / Specimens of bluish white glaze bowl with design of flowers in brown 1067
1201 / Specimen of green glaze jar 1069
1202 / Specimen of green glaze bowl 1069
1203 / Specimen of green glaze bowl 1070
1204 / Specimen of green glaze bowl with design of lines in relief 1070
1205 / Specimen of green glaze bowl with incised design of lines 1071
1206 / Specimens of green glaze bowl with comb-incised design 1071

1207 / Specimen of green glaze bowl with comb-incised design inside and incised lines outside 1072
1208 / Specimen of black glaze bowl 1073
1209 / Specimen of black glaze saucer 1073
1210 / Specimen of black glaze bowl with green rim 1073
1211 / Specimens of green glaze vat 1074
1212 / Specimen of green glaze vat 1075
1213 / Specimens of green glaze bowl 1075
1214 / Specimens of green glaze bowl 1076
1215 / Specimens of green glaze bowl 1078
1216 / Specimens of green glaze bowl with comb-incised design inside and incised lines outside 1079
1217 / Specimens of green glaze bowl with comb-incised design inside and incised lines outside 1080
1218 / Specimens of black glaze jar with two handles 1082
1219 / Specimens of black glaze bowl 1083
1220 / Specimens of black glaze bowl with green rim 1084
1221 / Specimens of black glaze bowl with green rim 1085
1222 / Specimen of dark brownish black glaze bowl 1086
1223 / Specimen of bluish white glaze vase 1087
1224 / Specimen of bluish white glaze vase with flower rim 1087
1225 / Specimen of bluish white glaze melon-shaped pot 1088
1226 / Specimen of bluish white glaze burner 1088
1227 / Specimens of bluish white glaze burner with three legs 1089
1228 / Specimens of bluish white glaze chrysanthemum-petal-shaped box 1090
1229 / Specimens of bluish white glaze bowl 1091
1230 / Specimen of bluish white glaze cup with high stem 1092
1231 / Specimen of bluish white glaze vase with handles and stamped design 1092
1232 / Specimen of bluish white glaze pot (jar) with stamped floral design 1092
1233 / Specimens of bluish white glaze pot (jar) with stamped floral design 1093
1234 / Specimens of bluish white glaze pot with stamped design 1094
1235 / Specimens of bluish white glaze burner with stamped design of eight divinatory trigrams 1094
1236 / Specimen of bluish white glaze burner with stamped design of eight divinatory trigrams 1095
1237 / Specimen of bluish white glaze chrysanthemum-petal-shaped box with stamped floral design 1095
1238 / Specimen of bluish white glaze cover with stamped design 1095
1239 / Specimens of kiln furniture 1096
1240 / Specimens of kiln furniture 1097
1241 / Specimens of kiln furniture 1097
1242 / Specimen of green glaze burner 1099
1243 / Specimens of green glaze bowl 1100

1244 / Specimens of green glaze plate 1101
1245 / Specimen of green glaze jar with strings 1102
1246 / Specimens of green glaze bowl with stamped flower design 1102
1247 / Specimen of kiln furniture 1103
1248 / Specimens of kiln furniture 1103

Suichang Kiln

1249 / Specimens of green glaze bowl 1106
1250 / Specimens of green glaze bowl 1107
1251 / Specimen of green glaze bowl 1107
1252 / Specimen of green glaze bowl 1108
1253 / Specimens of green glaze plate with everted flange 1108
1254 / Specimens of green glaze plate with everted flange 1109
1255 / Specimens of green glaze bowl with stamped lotus-petal design 1110
1256 / Specimens of green glaze bowl with stamped lotus-petal design 1111
1257 / Specimens of green glaze bowl with stamped lotus-petal design 1112
1258 / Specimens of green glaze bowl with incised lotus-petal design 1113
1259 / Specimens of green glaze bowl with incised line design 1114
1260 / Specimen of green glaze bowl with incised line design 1115
1261 / Specimen of green glaze bowl with incised line design 1115
1262 / Specimen of green glaze bowl with comb-incised design 1115
1263 / Specimens of green glaze bowl with stamped flower design 1116
1264 / Specimens of green glaze bowl with stamped flower design 1117
1265 / Specimen of green glaze bowl with stamped flower design 1118
1266 / Specimen of green glaze bowl with stamped flower design 1118
1267 / Specimen of green glaze bowl with stamped sun flower design 1119
1268 / Specimen of green glaze bowl with stamped design of silver ingot 1119
1269 / Specimens of green glaze bowl with stamped design of silver ingot 1120
1270 / Specimen of green glaze bowl with stamped horse design 1121
1271 / Specimen of green glaze bowl with stamped design of pair fish 1121
1272 / Specimens of green glaze bowl with stamped Chinese character Chang 1122
1273 / Specimens of green glaze bowl with stamped Chinese character Fu 1123
1274 / Specimen of green glaze bowl with stamped Chinese character Shou 1124
1275 / Specimen of green glaze bowl with stamped Chinese character Li 1124
1276 / Specimen of green glaze bowl with stamped Chinese character Chun 1125
1277 / Specimen of green glaze bowl with stamped Chinese character Wang 1125
1278 / Specimens of green glaze bowl with stamped Chinese character Guang 1126
1279 / Specimen of green glaze bowl with stamped Chinese character Wang inside and lotus-petal outside 1127
1280 / Specimen of green glaze plate with stamped flower design 1127
1281 / Specimen of green glaze bowl with stamped flower design inside and incised lotus-petal outside 1128

1282 / Specimen of green glaze bowl with stamped lotus design inside and incised design of lines outside 1128
1283 / Specimen of green glaze bowl with stamped and incised flower design inside and incised line design outside 1129
1284 / Specimens of kiln furniture 1130

Songyang Kiln

1285 / Specimens of green glaze bowl 1134
1286 / Specimens of green glaze bowl 1136
1287 / Specimens of green glaze vase 1138
1288 / Specimens of green glaze jar 1139
1289 / Specimen of green glaze jar 1139
1290 / Specimens of green glaze jar 1140
1291 / Specimens of green glaze jar with handles 1140
1292 / Specimens of green glaze jar with handles 1141
1293 / Specimen of green glaze pot with two handles 1141

Lishui Kiln

1294 / Specimens of green glaze bowl 1144
1295 / Specimens of green glaze bowl 1145
1296 / Specimens of green glaze bowl 1146
1297 / Specimens of green glaze alms bowl 1147
1298 / Specimen of greenish brown glaze vase 1147
1299 / Specimens of greenish brown glaze jar with handles 1148
1300 / Specimens of greenish brown glaze alms bowl 1149
1301 / Specimens of kiln furniture 1149
1302 / Specimen of green glaze bowl with comb-incised design 1151
1303 / Specimens of green glaze bowl 1151
1304 / Specimens of green glaze bowl 1152
1305 / Specimen of green glaze bowl 1153
1306 / Specimen of green glaze cup with high stem 1153
1307 / Specimens of green glaze cup with high stem 1154
1308 / Specimens of green glaze bowl with stamped lotus design 1155
1309 / Specimens of green glaze bowl with stamped lotus design 1156
1310 / Specimen of green glaze bowl with stamped lotus design 1157
1311 / Specimen of green glaze bowl with stamped chrysanthemum design 1157
1312 / Specimen of green glaze bowl with incised design inside and moulded lotus-petal design outside 1158
1313 / Specimen of green glaze bowl with incised floral design 1158
1314 / Specimen of green glaze bowl with incised floral design 1159
1315 / Specimen of green glaze bowl with incised lotus-petal design 1159

1316 / Specimen of green glaze bowl with incised floral design inside and lotus-petal design outside 1160
1317 / Specimen of green glaze bowl with incised design 1160
1318 / Specimen of green glaze bowl with comb-incised design 1161
1319 / Specimen of green glaze bowl with comb-incised design 1161
1320 / Specimens of green glaze bowl with comb-incised design 1162
1321 / Specimens of green glaze bowl with comb-incised design 1163
1322 / Specimen of green glaze bowl with comb-incised design 1163
1323 / Specimen of green glaze bowl with comb- incised design inside and incised lotus-petal design outside 1164
1324 / Specimen of green glaze bowl with incised design 1164
1325 / Specimen of green glaze bowl with comb-incised design 1165
1326 / Specimen of black glaze bowl 1165
1327 / Specimen of unglazed bowl with inscription of Chinese characters Guo Shan 1166
1328 / Specimens of kiln furniture 1166
1329 / Specimen of kiln furniture 1167
1330 / Specimens of kiln furniture 1167

Yunhe Kiln

1331 / Specimen of green glaze burner with three-legged design 1170
1332 / Specimen of green glaze bowl 1170
1333 / Specimens of green glaze bowl 1171
1334 / Specimens of green glaze bowl 1172
1335 / Specimens of green glaze bowl 1174
1336 / Specimens of green glaze plate 1176
1337 / Specimens of green glaze plate with everted flange 1178
1338 / Specimens of green glaze bowl with stamped lotus design 1180
1339 / Specimens of green glaze bowl with stamped lotus design 1182
1340 / Specimens of green glaze bowl with stamped chrysanthemum design 1183
1341 / Specimens of green glaze bowl with stamped chrysanthemum design 1184
1342 / Specimens of green glaze bowl with stamped fish design 1185
1343 / Specimens of green glaze plate with stamped lotus design 1186
1344 / Specimen of green glaze plate with stamped lotus design 1187
1345 / Specimen of green glaze cup with high stem and stamped lotus design 1187
1346 / Specimens of green glaze cup with high stem and stamped lotus design 1188
1347 / Specimen of green glaze washer with stamped floral design 1189
1348 / Specimen of green glaze bowl with stamped chrysanthemum design inside and incised louts-petal design outside 1189
1349 / Specimen of green glaze cup with high stem and stamped lotus design inside and incised flower-petal design outside 1190
1350 / Specimen of green glaze cup with high stem and stamped lotus design inside and incised flower-petal design outside 1191

1351 / Specimen of green glaze cup with high stem and stamped chrysanthemum design inside and incised lotus-petal design outside 1191
1352 / Specimens of green glaze bowl with incised lotus-petal design 1192
1353 / Specimens of green glaze bowl with incised string design 1194
1354 / Specimen of green glaze bowl with incised string design 1195
1355 / Specimen of green glaze plate with everted flange and incised lotus-petal design 1195
1356 / Specimens of green glaze bowl with incised design inside and incised strings outside 1196
1357 / Specimens of kiln furniture 1197
1358 / Specimen of green glaze bowl 1199
1359 / Specimen of green glaze plate 1199
1360 / Specimen of green glaze flower-shaped plate with mould-stamped design of chrysanthemum-petal 1200
1361 / Specimen of green glaze bowl with incised design 1200
1362 / Specimens of kiln furniture 1201

Longquan Kiln

1363 / Specimen of green glaze board with inscription of Chinese characters Yong Xi Er Nian 1203
1364 / Specimen of green glaze bowl with incised floral design 1203
1365 / Specimen of green glaze bowl with incised flower design on panels 1204
1366 / Specimen of green glaze bowl with incised floral design on panels 1204
1367 / Specimen of green glaze bowl with incised flower design on panels inside and lotus-petal design outside 1205
1368 / Specimen of green glaze bowl with incised flower design on panels inside and lotus-petal design outside 1205
1369 / Specimen of green glaze bowl with incised lotus-leaf design inside and incised line design outside 1206
1370 / Specimen of green glaze bowl with comb-incised lotus design 1206
1371 / Specimens of green glaze bowl with comb-incised lotus design 1207
1372 / Specimen of green glaze bowl with comb-incised floral design inside and incised line design outside 1207
1373 / Specimen of green glaze bowl with comb-incised floral design inside and incised line design outside 1208
1374 / Specimen of green glaze bowl with comb-incised pair fish design inside and incised line design outside 1208
1375 / Specimens of green glaze plate with comb-incised lotus design 1209
1376 / Specimen of green glaze plate with comb-incised lotus design 1210
1377 / Specimen of green glaze bowl with comb-incised flower design inside and incised lotus-petal design outside 1210
1378 / Specimens of green glaze burner with incised lotus-petal design 1211
1379 / Specimen of green glaze bowl with comb-incised floral design 1211
1380 / Specimen of green glaze bowl with comb-incised lotus design 1212
1381 / Specimen of green glaze plate with comb-incised flower and leaf design 1213

1382 / Specimen of green glaze plate with comb-incised design 1213
1383 / Specimens of green glaze vase 1215
1384 / Specimens of green glaze vase 1216
1385 / Specimen of green glaze vase 1218
1386 / Specimen of green glaze flower- shaped vase 1218
1387 / Specimens of green glaze barrel-shaped burner 1219
1388 / Specimens of green glaze burner with three-legged design 1219
1389 / Specimens of green glaze burner with three-legged design 1220
1390 / Specimens of green glaze burner with three-legged design 1221
1391 / Specimens of green glaze burner with three-legged design 1222
1392 / Specimens of green glaze burner with three-legged design 1222
1393 / Specimen of green glaze burner with ribs and three-legged design 1223
1394 / Specimens of green glaze burner with ribs and three-legged design 1223
1395 / Specimens of green glaze cover 1224
1396 / Specimens of green glaze cover 1224
1397 / Specimen of green glaze cover 1225
1398 / Specimen of green glaze ewer 1225
1399 / Specimens of green glaze bowl 1226
1400 / Specimens of green glaze bowl 1227
1401 / Specimens of green glaze bowl 1228
1402 / Specimens of green glaze bowl 1230
1403 / Specimens of green glaze bowl 1232
1404 / Specimens of green glaze plate 1233
1405 / Specimens of green glaze plate 1234
1406 / Specimen of green glaze plate 1235
1407 / Specimen of green glaze plate with everted flange 1235
1408 / Specimens of green glaze eight-sided plate with everted flange 1236
1409 / Specimens of green glaze barrel-shaped burner with design of strings 1237
1410 / Specimen of green glaze jar with stamped floral design 1237
1411 / Specimen of green glaze jar with stamped lotus-petal design 1238
1412 / Specimen of green glaze bowl with stamped design 1238
1413 / Specimen of green glaze bowl with stamped lotus-petal design 1239
1414 / Specimen of green glaze jar with incised line design 1239
1415 / Specimens of green glaze bowl with incised lotus-petal design 1240
1416 / Specimen of green glaze barrel-shaped burner with stamped design 1240
1417 / Specimens of green glaze chrysanthemum-petal-shaped bowl 1241
1418 / Specimens of green glaze chrysanthemum-petal-shaped bowl 1242
1419 / Specimen of green glaze vase with ring-shaped handles and stamped design 1244
1420 / Specimen of green glaze cup with high stem 1244
1421 / Specimen of kiln furniture 1244
1422 / Specimens of kiln furniture 1245
1423 / Specimens of green glaze bowl with flower rim 1246
1424 / Specimens of green glaze plate with everted flange 1247

1425 / Specimen of green glaze pot (vase)with design of strings 1247
1426 / Specimen of green glaze bowl with flower rim and inscription of Chinese characters Jin Yu Man Tang 1248
1427 / Specimen of green glaze plate with stamped floral design 1248
1428 / Specimen of green glaze washer with stamped pair fish design 1249
1429 / Specimen of green glaze washer with everted flange and stamped pair fish design 1249
1430 / Specimens of green glaze bowl with incised chrysanthemum-petal design 1250
1431 / Specimen of green glaze bowl with incised chrysanthemum-petal design 1250
1432 / Specimen of green glaze bowl with comb-incised design inside and incised louts-petal design outside 1251
1433 / Specimen of green glaze plate with incised lotus design 1251
1434 / Specimens of green glaze plate with incised lotus design 1252
1435 / Specimen of green glaze plate with incised chrysanthemum-petal design 1252
1436 / Specimen of green glaze plate with incised chrysanthemum-petal design 1253
1437 / Specimen of green glaze plate with comb-incised design and everted flange 1253
1438 / Specimens of green glaze bowl with incised lotus design 1254
1439 / Specimen of green glaze bowl with incised lotus design 1255
1440 / Specimen of green glaze bowl with incised lotus design 1255
1441 / Specimen of green glaze bowl with comb-incised floral design 1256
1442 / Specimen of green glaze bowl with comb-incised fish design 1256
1443 / Specimen of green glaze bowl with comb-incised design of dots and medallion of chrysanthemum 1257
1444 / Specimens of green glaze sacrificial bowl with incised lotus-petal design 1257
1445 / Specimens of green glaze bowl with flower rim and incised flower-petal design 1258
1446 / Specimens of green glaze bowl with flower rim and incised flower-petal design 1260
1447 / Specimen of green glaze bowl with comb-incised design 1261
1448 / Specimen of green glaze bowl with incised floral design 1261
1449 / Specimens of green glaze bowl with incised lotus design 1262
1450 / Specimen of green glaze bowl with incised floral design 1263
1451 / Specimen of kiln furniture 1263
1452 / Specimen of kiln furniture 1263
1453 / Specimen of green glaze vase with pierced handles 1265
Illustration Green glaze octagonal vase with pierced handles 1265
1454 / Specimen of green glaze vase with pierced handles 1266
1455 / Specimen of green glaze pot 1266
1456 / Specimens of green glaze burner with three-legged design 1267
Illustration Green glaze burner with three-legged design 1267
1457 / Specimen of green glaze bowl 1268
1458 / Specimen of green glaze washer with everted flange 1268
1459 / Specimens of green glaze washer with everted flange 1269
1460 / Specimen of green glaze washer with flower rim 1269
1461 / Specimen of green glaze Cong-shaped vase 1270
Illustration Green glaze Cong-shaped vase 1270

1462 / Specimen of green glaze burner with stamped design of eight divinatory trigrams 1271
Illustration Green glaze burner with stamped design of eight divinatory trigrams and three legs 1271
1463 / Specimen of green glaze bowl with stamped flower design 1272
1464 / Specimen of green glaze washer with stamped pair fish design 1272
Illustration Green glaze washer with stamped pair fish design and everted flange 1273
1465 / Specimen of green glaze washer with stamped pair fish design 1274
1466 / Specimen of green glaze washer with stamped pair fish design inside and incised lotus-petal design outside 1275
1467 / Specimen of green glaze washer with everted flange and stamped pair fish design inside and incised lotus-petal design outside 1275
1468 / Specimen of green glaze box with incised peony design 1276
1469 / Specimen of green glaze cover with incised lotus-petal design 1276
1470 / Specimen of green glaze bowl with incised lotus-petal design 1277
1471 / Specimens of green glaze bowl with incised lotus-petal design 1277
1472 / Specimen of green glaze bowl with flower rim and incised lotus-leaf design 1278
1473 / Specimen of green glaze washer with everted flange and incised lotus-petal design 1278
1474 / Specimen of green glaze burner with ribs, imitation of Guan kiln 1279
Illustration Green glaze burner with three-legged design and ribs, imitation of Guan kiln 1279
1475 / Specimen of green glaze plate, imitation of Guan kiln 1280
1476 / Specimen of green glaze plate, imitation of Guan kiln 1280
1477 / Specimen of green glaze chrysanthemum-petal-shaped washer 1281
1478 / Specimen of green glaze chrysanthemum-petal-shaped washer 1281
1479 / Specimen of green glaze pot 1282
Illustration Green glaze pot 1283
1480 / Specimens of green glaze burner with three-legged design 1284
1481 / Specimen of green glaze cover 1284
1482 / Specimen of green glaze plate 1285
1483 / Specimen of green glaze plate with everted flange 1285
1484 / Specimen of green glaze vase with stamped floral design 1286
Illustration Green glaze Zun vase with stamped floral design 1286
1485 / Specimens of green glaze jar with stamped floral design 1287
1486 / Specimen of green glaze jar with stamped dragon design 1288
1487 / Specimen of green glaze burner with stamped design of branch scrolls 1288
1488 / Specimen of green glaze burner with stamped design of eight divinatory trigrams 1289
1489 / Specimen of green glaze burner with three legs and stamped design 1289
1490 / Specimen of green glaze burner with three legs and stamped design of eight divinatory trigrams 1290
Illustration Green glaze barrel-shaped burner with three legs and incised design of eight divinatory trigrams 1290
1491 / Specimen of green glaze burner with three legs and stamped design of strings 1291
1492 / Specimen of green glaze bowl with stamped floral design 1291
1493 / Specimen of green glaze bowl with stamped floral design 1292
1494 / Specimen of green glaze bowl with stamped lotus design 1292

1495 / Specimen of green glaze bowl with stamped lotus design 1293
1496 / Specimen of green glaze bowl with stamped pair fish design 1293
1497 / Specimen of green glaze bowl with stamped pair fish design 1294
1498 / Specimen of green glaze bowl with stamped pair fish design 1294
1499 / Specimen of green glaze bowl with inscription of Chinese character Wang 1295
1500 / Specimens of green glaze bowl with stamped floral design and inscription of Chinese characters Qing He 1295
1501 / Specimen of green glaze bowl with stamped floral design and inscription of Chinese characters Qing He 1296
1502 / Specimen of green glaze bowl with stamped floral design and inscription of Chinese characters Jin Yu Man Tang 1296
1503 / Specimen of green glaze bowl with stamped floral design and inscription of Chinese characters Liu Zhai 1297
1504 / Specimen of green glaze bowl with stamped lotus design and flower rim 1297
1505 / Specimen of green glaze plate with stamped floral design 1298
1506 / Specimens of green glaze plate with stamped chrysanthemum design 1298
1507 / Specimens of green glaze plate with stamped dragon design 1299
1508 / Specimens of green glaze plate with stamped dragon design 1299
1509 / Specimen of green glaze plate with everted flange and rim in shape of water chestnut and stamped floral design 1300
1510 / Specimen of green glaze plate with everted flange and rim in shape of water chestnut and stamped dragon design 1300
1511 / Specimen of green glaze cup with high stem and stamped chrysanthemum-petal design 1301
1512 / Specimen of green glaze cup with high stem and stamped dragon design 1301
1513 / Specimen of green glaze bowl with stamped design inside and incised floral design outside 1302
1514 / Specimen of green glaze bowl with stamped design inside and incised floral design outside 1302
1515 / Specimen of green glaze bowl with stamped floral design inside and incised chrysanthemum-petal design outside 1303
1516 / Specimen of green glaze bowl with stamped floral design inside and incised lotus-petal design outside 1303
1517 / Specimen of green glaze bowl with stamped floral design inside and incised lotus-petal design outside 1304
1518 / Specimen of green glaze bowl with stamped floral design inside and incised lotus-petal design outside 1304
1519 / Specimen of green glaze bowl with stamped phoenix design inside and incised lotus-petal design outside 1305
1520 / Specimen of green glaze bowl with stamped floral design and inscription of Chinese characters He Gao inside and incised design outside 1305
1521 / Specimen of green glaze bowl with flower rim and stamped floral design inside and incised strings outside 1306

1522 / Specimen of green glaze bowl with flower rim and stamped chrysanthemum-petal design inside and incised chrysanthemum-petal design outside 1306
1523 / Specimen of green glaze bowl with incised design inside and stamped floral design outside 1307
1524 / Specimen of green glaze bowl with stamped floral design inside and incised lotus-petal design outside 1307
1525 / Specimens of green glaze jar with cover and incised design of strings 1308
Illustration Green glaze jar with cover in shape of lotus leaf and incised design of strings 1309
1526 / Specimen of green glaze bowl with incised floral design 1310
1527 / Specimen of green glaze bowl with incised lotus design inside and incised lotus-petal design outside 1310
1528 / Specimen of green glaze plate with incised chrysanthemum design 1311
1529 / Specimen of green glaze plate with incised design of geometric patterns 1311
1530 / Specimen of green glaze plate with everted flange and incised floral design 1312
1531 / Specimens of green glaze flower pot with incised floral design and flower rim 1312
1532 / Specimen of green glaze plate with incised and stamped floral design 1313
1533 / Specimen of green glaze cup with high stem and incised lotus design 1313
1534 / Specimen of green glaze plate with everted flange and rim in shape of water chestnut and incised floral design 1314
1535 / Specimen of green glaze plate with everted flange and rim in shape of water chestnut and incised phoenix design 1314
1536 / Specimen of green glaze burner with drum-nail and applied design 1315
1537 / Specimen of green glaze saucer with design of unglazed figures 1315
1538 / Specimen of green glaze octagonal plate with brown splashes 1316
Illustration Green glaze octagonal plate with brown splashes 1317
1539 / Specimen of green glaze bowl (ewer) with red splashes 1318
1540 / Specimen of green glaze bowl with high stem and incised floral design 1318
1541 / Specimens of kiln furniture 1319
1542 / Specimen of kiln furniture 1319
1543 / Specimen of kiln furniture 1319
1544 / Specimen of green glaze vase 1321
1545 / Specimens of green glaze jar 1321
1546 / Specimens of green glaze plate 1322
1547 / Specimen of green glaze plate with everted flange 1323
1548 / Specimens of green glaze plate with everted flange 1323
1549 / Specimen of green glaze bowl with stamped design 1324
1550 / Specimen of green glaze plate with everted flange and molded design of chrysanthemum-petals 1324
1551 / Specimens of green glaze plate with everted flange and molded design of chrysanthemum-petals 1325
1552 / Specimen of green glaze washer with stamped design of pair fish 1326
1553 / Specimen of green glaze plate with incised floral design 1327
1554 / Specimen of green glaze plate with incised chrysanthemum-petal design 1327

1555 / Specimen of green glaze bowl with comb-incised design inside and incised string design outside 1328
1556 / Specimen of green glaze bowl with comb-incised dot design inside and incised line design outside 1328
1557 / Specimens of kiln furniture 1329
1558 / Specimen of green glaze jar 1331
1559 / Specimens of green glaze burner 1331
1560 / Specimen of green glaze bowl 1332
1561 / Specimen of green glaze bowl with high stem 1332
1562 / Specimens of green glaze plate 1333
1563 / Specimen of green glaze plate with everted flange 1334
1564 / Specimen of green glaze burner with design of strings 1334
1565 / Specimen of green glaze burner with design of eight divinatory trigrams 1334
1566 / Specimens of green glaze burner with design of drum nails and eight divinatory trigrams 1335
1567 / Specimen of green glaze bowl with stamped flower design 1335
1568 / Specimens of green glaze plate with stamped floral design 1336
1569 / Specimen of green glaze plate with everted flange and molded design of chrysanthemum-petals 1337
1570 / Specimens of green glaze plate with everted flange and flower rim and molded design of chrysanthemum-petals 1337
1571 / Specimen of green glaze jar with incised design 1338
1572 / Specimen of green glaze bowl with incised flower design 1338
1573 / Specimen of green glaze plate with incised floral design 1339
1574 / Specimen of green glaze cup with high stem and incised floral design 1339
1575 / Specimen of green glaze bowl with inscription of Chinese characters Jin Yu Man Tang 1341
1576 / Specimen of green glaze bowl with stamped floral design 1341
1577 / Specimens of green glaze bowl with stamped floral design 1342
1578 / Specimen of green glaze bowl with stamped floral design 1343
1579 / Specimens of green glaze bowl with stamped floral design 1344
1580 / Specimen of green glaze bowl with stamped chrysanthemum-petal design 1345
1581 / Specimen of green glaze bowl with stamped floral design and flower rim 1345
1582 / Specimens of green glaze plate with stamped floral design 1346
1583 / Specimens of green glaze plate with stamped floral design 1347
1584 / Specimen of green glaze plate with stamped floral design 1348
1585 / Specimen of green glaze flower-shaped plate with stamped floral design 1348
1586 / Specimens of green glaze plate with molded design of chrysanthemum-petals 1349
1587 / Specimens of green glaze plate with flower rim and everted flange and molded design of chrysanthemum-petals 1350
1588 / Specimen of green glaze cup with high stem and stamped deer design 1352
1589 / Specimen of green glaze cup with high stem and inscription of Chinese characters Zhong Fu 1352

1590 / Specimens of green glaze bowl with stamped floral design inside and incised line design outside 1353
1591 / Specimen of green glaze bowl with stamped chrysanthemum-petal design inside and incised lotus-petal design outside 1354
1592 / Specimen of green glaze bowl with incised lotus-petal design 1354
1593 / Specimen of green glaze bowl with incised lotus-petal design 1355
1594 / Specimen of green glaze plate with everted flange and incised design 1355
1595 / Specimens of green glaze cup with high stem and incised design 1356
1596 / Specimens of green glaze bowl with stamped and incised floral design inside and incised lotus-petal design outside 1357
1597 / Specimen of green glaze bowl with stamped and incised floral design inside and incised lotus-petal design outside 1358
1598 / Specimen of green glaze bowl with stamped and incised floral design inside and incised lotus-petal design outside 1358
1599 / Specimen of green glaze bowl with incised flower design inside and incised lotus-petal design outside 1359
1600 / Specimen of green glaze bowl with incised flower design inside and incised lotus-petal design outside 1359
1601 / Specimens of green glaze bowl with incised flower design inside and incised lotus-petal design outside 1360
1602 / Specimen of kiln furniture 1361
1603 / Specimens of kiln furniture 1361

Qingyuan Kiln

1604 / Specimens of green glaze vase 1364
1605 / Specimen of green glaze jar 1364
1606 / Specimen of green glaze jar with two handles 1365
1607 / Specimen of green glaze pot with dish-shaped mouth 1365
1608 / Specimens of green glaze bowl 1366
1609 / Specimens of black glaze bowl 1369
1610 / Specimens of black glaze bowl 1370
1611 / Specimens of black glaze bowl 1371
1612 / Specimens of black glaze bowl 1372
1613 / Specimens of black glaze bowl 1374
1614 / Specimens of black glaze bowl 1375
1615 / Specimens of black glaze bowl 1376
1616 / Specimens of green glaze bowl 1378
1617 / Specimens of green glaze bowl 1379
1618 / Specimens of kiln furniture 1380
1619 / Specimen of kiln furniture 1381
1620 / Specimen of green glaze burner 1383
1621 / Specimen of green glaze ware 1383

1622 / Specimens of green glaze bowl 1384
1623 / Specimen of green glaze bowl 1385
1624 / Specimen of green glaze bowl 1385
1625 / Specimens of green glaze bowl 1386
1626 / Specimens of green glaze bowl 1388
1627 / Specimen of green glaze plate 1389
1628 / Specimen of green glaze cup with high stem 1389
1629 / Specimen of green glaze bowl with stamped design of pair fish 1390
1630 / Specimens of green glaze bowl with incised chrysanthemum-petal design 1390
1631 / Specimen of green glaze bowl with incised floral design inside and incised line design outside 1391
1632 / Specimen of green glaze plate with flower rim and incised leaf design 1391
1633 / Specimens of green glaze bowl 1393
1634 / Specimens of green glaze bowl 1394
1635 / Specimens of green glaze bowl 1396
1636 / Specimen of green glaze bowl 1397
1637 / Specimens of green glaze plate with flower rim 1397
1638 / Specimen of green glaze vase 1399
1639 / Specimen of green glaze prunus vase 1399
1640 / Specimen of green glaze burner 1400
1641 / Specimens of green glaze burner with three-legged design 1400
1642 / Specimens of green glaze burner with three-legged design 1401
1643 / Specimens of green glaze burner with three legs 1402
1644 / Specimen of green glaze lamp 1402
1645 / Specimens of green glaze bowl 1403
1646 / Specimens of green glaze bowl 1404
1647 / Specimen of green glaze bowl 1405
1648 / Specimens of green glaze burner with design of strings 1405
1649 / Specimen of green glaze burner with design of strings 1406
1650 / Specimens of green glaze burner with stamped design of eight divinatory trigrams and three legs 1406
1651 / Specimens of green glaze burner with stamped design of eight divinatory trigrams and three legs 1407
1652 / Specimens of green glaze burner with stamped design of eight divinatory trigrams and three legs 1408
1653 / Specimen of green glaze bowl with stamped floral design 1408
1654 / Specimens of green glaze bowl with stamped floral design 1409
1655 / Specimens of green glaze bowl with stamped floral design 1410
1656 / Specimen of green glaze vase with incised leaf design 1411
1657 / Specimen of green glaze vase with incised string design 1411
1658 / Specimen of green glaze bowl with stamped figure design 1412
1659 / Specimen of green glaze bowl with stamped design of silver ingot 1412
1660 / Specimens of green glaze bowl with stamped Chinese character Fu 1413

1661 / Specimen of green glaze bowl with stamped Chinese character Fu 1414
1662 / Specimen of green glaze bowl with stamped Chinese character Ji 1414
1663 / Specimen of green glaze bowl with stamped Chinese character Yu 1415
1664 / Specimen of green glaze bowl with stamped Chinese character Man 1415
1665 / Specimen of green glaze bowl with stamped Chinese character Man 1416
1666 / Specimen of green glaze bowl with stamped Chinese character Man inside and incised chrysanthemum-petal design outside 1416
1667 / Specimens of green glaze bowl with stamped Chinese character Man inside and incised chrysanthemum-petal design outside 1417
1668 / Specimen of green glaze bowl with stamped Chinese character Man inside and incised lines outside 1418
1669 / Specimen of green glaze bowl with stamped figure design inside and incised chrysanthemum-petals outside 1418
1670 / Specimen of green glaze bowl with stamped design of silver ingot inside and incised design of flower-petals outside 1419
1671 / Specimen of green glaze plate with stamped Chinese character Man inside and incised lotus-petals outside 1419
1672 / Specimen of green glaze vase with incised design 1420
1673 / Specimen of green glaze burner with three legs and incised floral design 1420
1674 / Specimen of green glaze burner with three legs and incised floral design 1420
1675 / Specimen of green glaze burner with three legs and incised flower and leaf design 1421
1676 / Specimen of green glaze burner with three legs and comb-incised flower and leaf design 1421
1677 / Specimens of green glaze bowl with incised design of chrysanthemum-petals 1422
1678 / Specimens of kiln furniture 1423
1679 / Specimen of kiln furniture 1423

窑址标本

Plates

浙江

浙江省是我国青瓷的发源地之一。窑址遍及全省，瓷窑分布密集。自春秋晚期、战国、汉代创烧青釉瓷器以来，延烧不断，成为烧制青瓷历史最长的省份。出现不少为世人所珍爱的釉色，如唐代越窑的秘色，宋代官窑灰青，南宋龙泉窑的粉青、梅子青等，都是我国陶瓷发展史上的优秀品种。龙泉窑的宋代青釉瓷器，流行划花篦划纹装饰，对浙江、福建、广东青釉瓷器的装饰产生了很大影响。除青釉（青釉酱彩）瓷器外，这一地区还烧制黑釉、黑褐釉、青白釉、钧釉等器物。以龙泉窑为代表的瓷窑产品不仅供国内使用，而且大量销往海外。

Zhejiang Province

Zhejiang Province is one of the birthplaces of celadon in China. Kiln sites were densely distributed throughout the province. The firing of celadon in the province never stops since late Spring and Autumn period, Warring States period and Han dynasty when the first piece of celadon was produced, earning the province the fame of the longest history of celadon-making. A number of celadon varieties, such as the secret color of Yue kiln of Tang dynasty, the darker bluish gray of Guan kiln of Song dynasty, the powder blue and plum green of Longquan kiln of Southern Song dynasty, etc., are cherished by many people worldwide. They are all excellent varieties in the history of ceramic development in China. Celadon with design of comb-incised patterns of Longquan kiln of Song dynasty had a significant impact on the decorative style of green glaze porcelains Produced in other parts of Zhejiang Province, in Fujian and Guangdong Province. Other than green glaze (green glaze with decoration of dark brown color), the region also fired black glaze, black brown glaze, bluish white glaze, Jun glaze and other artifacts. Porcelains from Zhejiang Province, represented by Longquan kiln celadon, were in great demand both domestically and abroad.

浙江省窑址分布图
The Distribution Map of Kilns in Zhejiang Province

上海
上海市
苏州
湖州市
嘉兴市
杭州
杭州市
绍兴市
宁波
宁波市
舟山
金华
金华市
衢州市
丽水市
温州
温州市
台州
台州市
安徽
江苏
福建
杭州湾
芜湖县
郎溪县
宣城
宁国市
旌德县
绩溪县
歙县
长兴县
安吉县
德清县
湖州
南浔区
嘉善县
嘉兴
平湖市
桐乡
海宁市
海盐县
余杭区
临安市
富阳市
萧山区
桐庐县
淳安县
建德市
绍兴
上虞区
诸暨市
嵊州市
新昌县
余姚市
慈溪市
镇海区
北仑区
奉化市
象山县
宁海县
三门县
天台县
临海市
仙居县
黄岩区
路桥区
温岭市
玉环县
乐清市
永嘉县
鹿城区
龙湾区
瑞安市
平阳县
苍南县
文成县
泰顺县
青田县
缙云县
云和县
景宁畲族自治县
龙泉市
庆元县
松阳县
遂昌县
武义县
永康市
东阳市
义乌市
浦江县
兰溪市
磐安县
衢江区
龙游县
江山市
常山县
开化县
金东区
洞头县
杭州湾跨海大桥
嘉绍跨江大桥
千岛湖
寿宁县
政和县
松溪县
柘荣县
福鼎市
福安市
周宁县
南麂列岛
北麂山列岛
大北列岛
洞头列岛
东矶列岛
台州列岛

德清窑

窑址在浙江省德清县。故宫博物院部分专家学者20世纪80年代、2006年、2007年对其进行了调查，并参加了2007年德清火烧山窑址的发掘工作。

德清是原始青瓷的诞生地，商到战国时期的窑址已具有一定的规模。德清窑原始瓷窑址有商代的黄梅山、老鼠山，西周的岳家坝，西周东周之际的火烧山，春秋中晚期的苦竹坞、白洋坞、缩头坞、响堂坞、叉路岭、火烧山上层、火烧山西区，战国时期的苦竹坞、鸡笼山、南山、亭子桥、冯家山、宅前、下阳山、塔地里、前埠、窑坞里等。2007年3月至5月故宫博物院部分专家学者在发掘德清火烧山窑址期间，调查了德清地区原始瓷窑遗址，包括火烧山、亭子桥、冯家山、苦竹坞、鸡笼山、宅前、张家桥、龙头山、黄梅山、南山窑等，以及东晋时期的小马山、焦山窑，唐代龙头山、章家桥等。2007年11月又进一步调查了火烧山、亭子桥、东山、黄梅山。通过调查得到如下印象：德清窑的范围很广，原始瓷与青瓷的生产已形成一定规模，在整个东苕溪流域分布着大量古瓷窑，随着时间的推移，自北向南发展；德清窑的烧瓷时间也不仅仅局限在东晋时期，从商到隋唐从未间断。特别是黑瓷，有从原始瓷发展到瓷的清晰脉络。

德清窑现共发现烧瓷窑址四处，包括县东的焦山，县西的戴家山、陈山和丁山。创烧于东晋，下限为南朝时期。代表性器物有鸡首壶、盘口壶、唾壶、盖盒等。器物造型美观，线条刚柔结合。德清窑遗址出土标本与杭州市东晋兴宁二年墓所出器物基本相同。

Deqing Kiln

Deqing kiln is located in Deqing County, Zhejiang Province. Experts from the Palace Museum investigated the kiln in the 1980s and in 2006, 2007. They also took part in the excavation of a kiln site at Huoshaoshan, Deqing County during the investigation of 2007.

Deqing County is the birth place of primitive celadon. There is a certain scale of kiln sites from Shang dynasty to Warring States Period. Primitive celadon kiln sites are Huangmeishan and Laoshushan of Shang dynasty, Yuejiaba of Western Zhou dynasty, Huoshaoshan in between Western and Eastern Zhou dynasty, Kuzhuwu, Baiyangwu, Suotouwu, Xiangtangwu, Chaluling, the upper layer and the western part of Huoshaoshan of the middle to later stage of Spring and Autumn period, Kuzhuwu, Jilongshan, Nanshan, Tingziqiao, Fengjiashan, Zhaiqian, Xiayangshan, Tadili, Qianbu, Yaowuli, etc. of Warring States period. Experts from the Palace Museum investigated the primitive celadon kiln sites in Deqing area at Huoshaoshan, Tingziqiao, Fengjiashan, Kuzhuwu, Jilongshan, Zhaiqian, Zhangjiaqiao, Longtoushan, Huangmeishan, Nanshanyao, etc. and Xiaomashan, Jiaoshanyao of Eastern Jin dynasty and Longtoushan, Zhangjiaqiao, etc. of Tang dynasty, while excavating Huoshaoshan kiln site from March to May, 2007. They further investigated kiln sites at Huoshaoshan, Tingziqiao, Dongshan and Huangmeishanyao in November, 2007. The impressions got from the investigations are as follow: Deqing kiln sites are widely distributed; the production of primitive celadon and celadon had reached a certain scale; there are lots of kiln sites distributed along Dongtiao Stream; as time went on, kiln sites in the north came early than in the south; the start of Deqing kiln is not limited in Eastern Jin dynasty, it never stopped firing from Shang to Sui and Tang dynasty; black glaze wares in particular have a clear evolution process from primitive celadon to celadon.

Four celadon kiln sites have been found so far. They are Jiaoshan in the east of the county, Daijiashan, Chenshan and Dingshan in the west of the county, Celadon kilns started to fire in Eastern Jin dynasty and closed in Southern Dynasties. Wares that best represent the kiln are chicken-sprout ewer, pot with dish-shaped mouth, spittoon, covered box, etc. They are all with beautiful shaping. Specimens collected from the ruin of Deqing kiln are similar to wares unearthed from a tomb dated back to the second year of Xingning Period, Eastern Jin dynasty in Hangzhou, Zhejiang Province.

德清（黄梅山）窑遗址保护碑

Monument for protecting the ruin of Deqing kiln at Huangmeishan

1　**商至战国　印纹硬陶罐标本**

From Shang dynasty to Warring States period

Specimens of stained hard-pottery jar

2　商至战国　原始青瓷罐标本

From Shang dynasty to Warring States period

Specimens of primitive green glaze jar

3　商至战国　原始青瓷罐标本

From Shang dynasty to Warring States period

Specimens of primitive green glaze jar

4　商至战国　原始青瓷罐标本

From Shang dynasty to Warring States period

Specimens of primitive green glaze jar

5　商至战国　原始青瓷罐盖标本

From Shang dynasty to Warring States period

Specimens of primitive green glaze jar cover

6　商至战国　原始青瓷壶标本

From Shang dynasty to Warring States period

Specimens of primitive green glaze pot

7　商至战国　原始青瓷器盖标本
From Shang dynasty to Warring States period
Specimens of primitive green glaze cover

8　商至战国　原始青瓷盘标本
From Shang dynasty to Warring States period
Specimen of primitive green glaze plate

9 商至战国 原始青瓷高足器标本

From Shang dynasty to Warring States period

Specimens of primitive green glaze ware with high stem

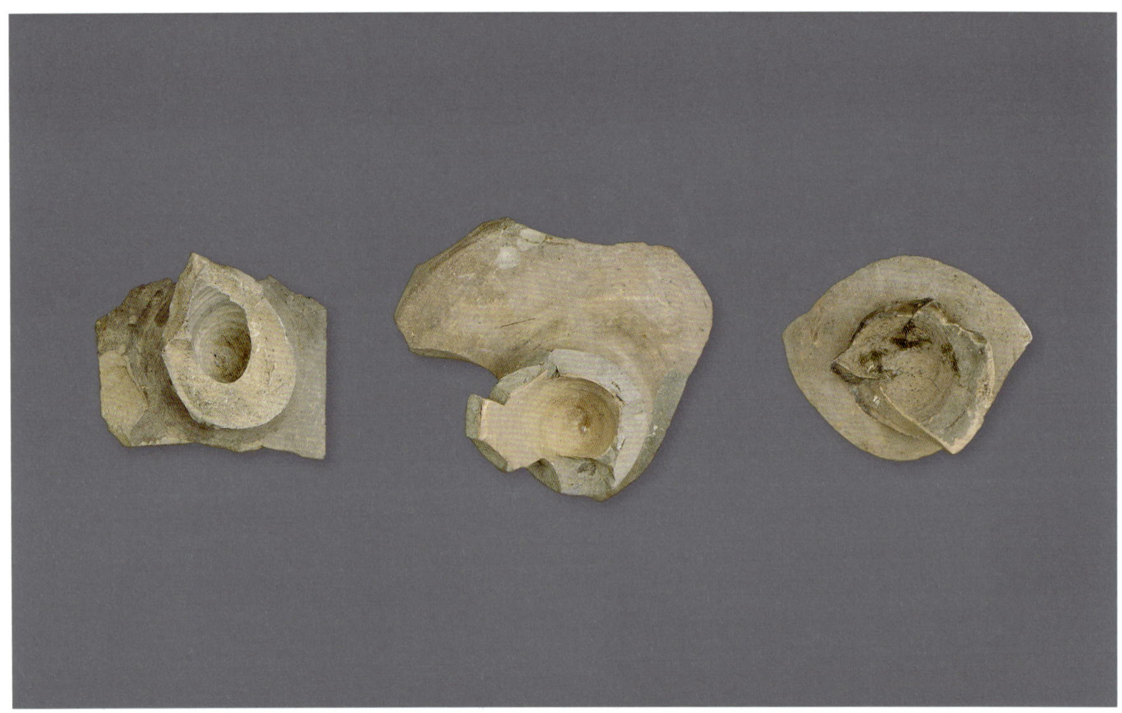

10 **商至战国 窑具标本**
From Shang dynasty to Warring States period
Specimens of kiln furniture

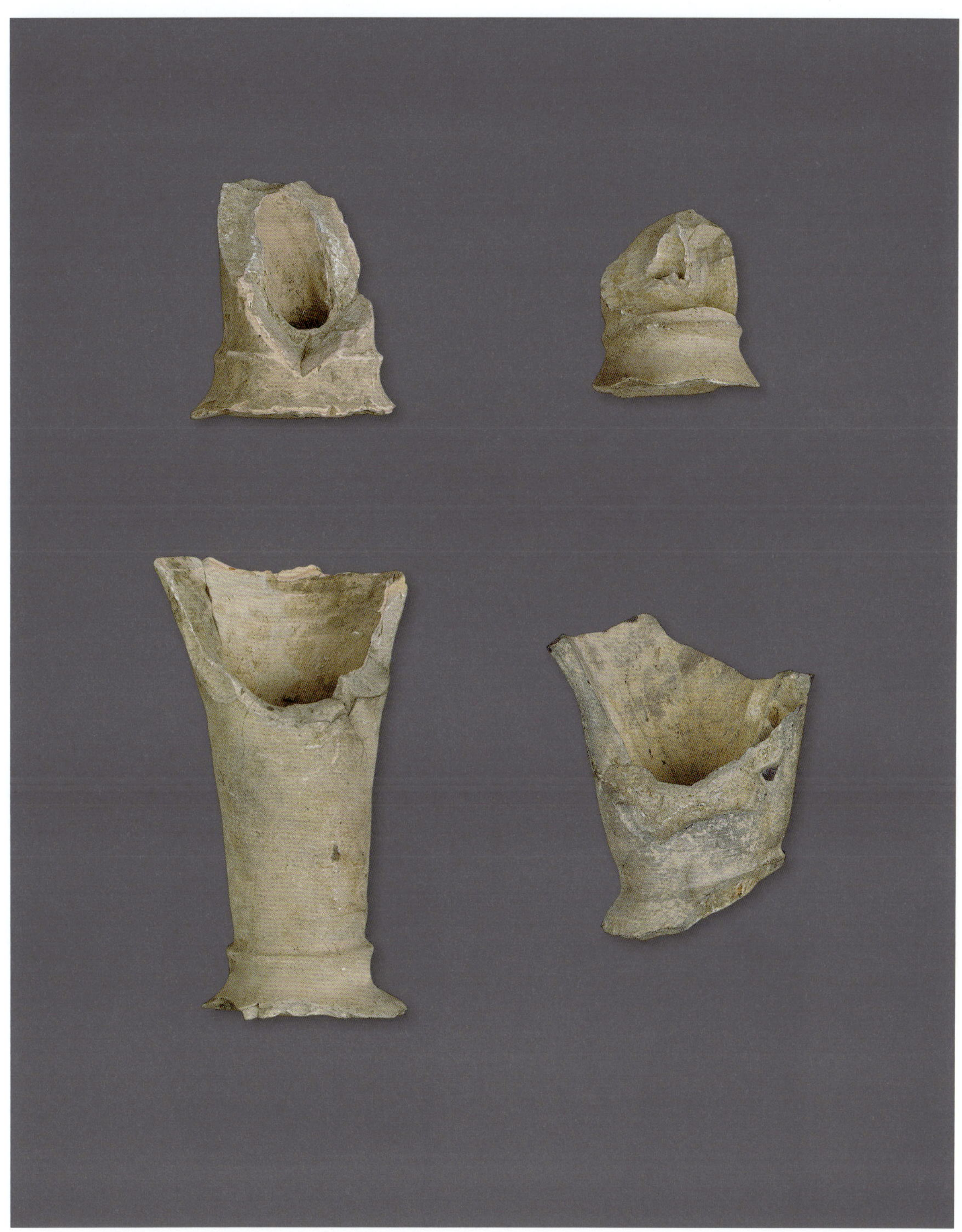

11 战国 原始青瓷碗标本
Warring States period
Specimen of primitive green glaze bowl

12 战国 原始青瓷浅碗标本
Warring States period
Specimen of primitive green glaze shallow bowl

13　**战国　原始青瓷浅碗标本**

Warring States period

Specimens of primitive green glaze shallow bowl

14　战国　原始青瓷浅碗标本

Warring States period

Specimens of primitive green glaze shallow bowl

15 战国 原始青瓷浅碗标本

Warring States period

Specimens of primitive green glaze shallow bowl

16 战国 窑具标本
Warring States period
Specimens of kiln furniture

德清（亭子桥）窑遗址瓷器遗存

Pileup of porcelain parts at the ruin of Deqing kiln at Tingziqiao

17　**战国　原始青瓷碗标本**
Warring States period
Specimen of primitive green glaze bowl

18 战国 原始青瓷碗标本

Warring States period

Specimens of primitive green glaze bowl

19 战国 原始青瓷碗标本

Warring States period

Specimens of primitive green glaze bowl

20 战国 原始青瓷碗标本

Warring States period

Specimens of primitive green glaze bowl

21　战国　原始青瓷杯标本

Warring States period

Specimens of primitive green glaze cup

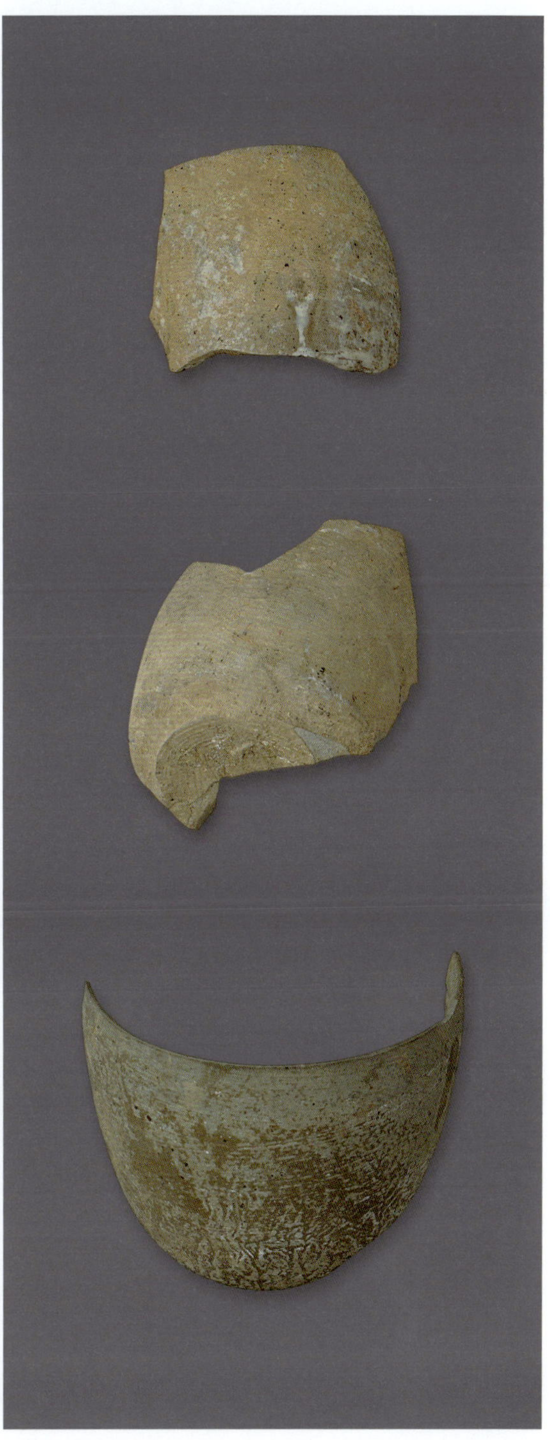

22 **战国**

原始青瓷刻线纹罐标本

Warring States period

Specimen of primitive green glaze jar with incised line design

23 **战国**

原始青瓷刻带状线纹罐标本

Warring States period

Specimens of primitive green glaze jar with incised line design

24　战国　原始青瓷刻带状线纹碗标本

Warring States period

Specimens of primitive green glaze bowl with incised line design

德清（南山）窑遗址保护碑
Monument for protecting the ruin of Deqing kiln at Nanshan

德清（南山）窑遗址瓷片遗存
Pileup of porcelain parts at the ruin of Deqing kiln at Nanshan

25 战国 原始青瓷罐标本

Warring States period

Specimens of primitive green glaze jar

26 战国 原始青瓷碗标本

Warring States period

Specimens of primitive green glaze bowl

27 **战国 原始青瓷杯标本**

Warring States period

Specimens of primitive green glaze cup

28 战国　原始青瓷杯标本

Warring States period

Specimens of primitive green glaze cup

29 战国 原始青瓷杯标本

Warring States period

Specimens of primitive green glaze cup

30 **战国 原始青瓷刻带状线纹碗标本**

Warring States period

Specimen of primitive green glaze bowl with incised line design

31　战国　原始青瓷刻带状线纹碗标本

Warring States period

Specimens of primitive green glaze bowl with incised line design

32 战国 原始青瓷刻带状线纹碗标本

Warring States period

Specimens of primitive green glaze bowl with incised line design

德清（东山）窑遗址瓷片遗存
Pileup of porcelain parts at the ruin of Deqing kiln at Dongshan

33　唐　青釉罐标本
Tang dynasty
Specimen of green glaze jar

34　唐　青釉双系罐标本
Tang dynasty
Specimen of green glaze jar with two handles

35 唐 青釉碗标本

Tang dynasty

Specimens of green glaze bowl

36　唐　青釉碗标本

Tang dynasty

Specimens of green glaze bowl

37 唐 青釉碗标本
Tang dynasty
Specimens of green glaze bowl

38 唐 黑褐釉双系罐标本
Tang dynasty
Specimen of blackish brown glaze jar with two handles

39 唐 黑褐釉缸标本
Tang dynasty
Specimens of blackish brown glaze vat

40 唐 黑褐釉碗标本

Tang dynasty

Specimens of blackish brown glaze bowl

41　唐　黑褐釉碗标本

Tang dynasty

Specimens of blackish brown glaze bowl

42　唐　黑褐釉碗标本

Tang dynasty

Specimens of blackish brown glaze bowl

43 唐 黑褐釉弦纹碗标本

Tang dynasty

Specimens of blackish brown glaze bowl with design of strings

44 **唐 窑具标本**
Tang dynasty
Specimens of kiln furniture

45 **唐 窑具标本**
Tang dynasty
Specimens of kiln furniture

余杭窑

位于浙江省余杭县大陆乡，已发现窑址两处，故宫博物院部分专家学者 20 世纪 70 年代调查了大陆果园窑址，2007 年又调查了大陆果园窑址及石马斗窑址。

大陆果园窑。它是 20 世纪 70 年代继德清窑发现之后又发现的一处烧黑瓷的窑址，兼烧青瓷。它与德清窑毗邻，创烧于东晋，终于南朝。遗物以黑釉鸡首壶较多，壶有大、中、小之分，此外还有盘、碗、罐、砚等器物。青釉器物有盘口壶、罐、钵、盆等。

石马斗窑址。东晋时期烧造青釉器物，质量较好，有鸡头壶、盘口壶、罐、碗等标本。

Yuhang Kiln

Yuhang kiln is located in Dalu Town, Yuhang County, Zhejiang Province. Two kiln sites have been found so far. Experts from the Palace Museum investigated Guoyuan kiln site in the 1970s and in 2007, they investigated both Guoyuan and Shimadou kiln site in Dalu Town.

Guoyuan was the second kiln site found in the 1970s where black glaze wares were fired, following the discovery of Deqing kiln. Next to Deqing kiln, it started to fire in Eastern Jin dynasty and ended in Southern Dynasties. Other than black glaze, it fired green glaze wares as well. Relics found are mostly black glaze chicken-sprout ewers of large, medium and small size. In addition, it fired plates, bowls, jars, ink slab and other artifacts. Green glaze wares fired are pots with dish-shaped mouth, jars, alms bowls, basins and so on.

Fine quality green glaze wares were fired at Shimadou kiln site in Eastern Jin dynasty. Specimens collected at the site are chicken-sprout ewers, pots with dish-shaped mouth, jars, bowls, etc.

余杭（大陆果园）窑遗址保护碑

Monument for protecting the ruin of Yuhang kiln at Guoyuan in Dalu Town

余杭（大陆果园）窑遗址

Ruin of Yuhang kiln at Guoyuan in Dalu Town

46　**东晋　青釉壶标本**
Eastern Jin dynasty
Specimen of green glaze pot

47　**东晋　青釉盘口壶标本**
Eastern Jin dynasty
Specimen of green glaze pot with dish-shaped mouth

48　**东晋　青釉双复系盘口壶标本**
Eastern Jin dynasty
Specimen of green glaze pot with dish-shaped mouth and two handles

49　**东晋　青釉碗标本**
Eastern Jin dynasty
Specimen of green glaze bowl

50　**东晋　青釉碗标本**
Eastern Jin dynasty
Specimen of green glaze bowl

51　东晋　青釉碗标本

Eastern Jin dynasty

Specimens of green glaze bowl

52　东晋　青釉碗标本
Eastern Jin dynasty
Specimens of green glaze bowl

53　东晋　青釉碗标本
Eastern Jin dynasty
Specimen of green glaze bowl

54　东晋　青釉钵标本
Eastern Jin dynasty
Specimen of green glaze alms bowl

55　东晋　青釉弦纹罐标本
Eastern Jin dynasty
Specimen of green glaze jar with design of strings

56　东晋　青釉弦纹双系罐标本
Eastern Jin dynasty
Specimen of green glaze jar with design of strings and two handles

57　东晋　青釉弦纹碗标本
Eastern Jin dynasty
Specimens of green glaze bowl with design of strings

58　**东晋　青釉弦纹碗标本**

Eastern Jin dynasty

Specimens of green glaze bowl with design of strings

59　东晋　青釉褐斑碗标本
Eastern Jin dynasty
Specimens of green glaze bowl with brown speckles

60　东晋　青釉褐斑碗标本
Eastern Jin dynasty
Specimen of green glaze bowl with brown speckles

61 东晋 黑釉壶标本
Eastern Jin dynasty
Specimens of black glaze pot

62　东晋　黑釉盘口壶标本

Eastern Jin dynasty

Specimens of black glaze pot with dish-shaped mouth

63　东晋　黑釉带系壶标本
Eastern Jin dynasty
Specimens of black glaze pot with handles

64　东晋　黑釉双系盘口壶标本
Eastern Jin dynasty
Specimen of black glaze pot with dish-shaped mouth and two handles

65　东晋　黑釉鸡首双系盘口壶标本
Eastern Jin dynasty
Specimen of black glaze chicken-spout pot with dish-shaped mouth and two handles

附图

东晋　黑釉鸡首双系盘口壶

高 18 厘米　口径 7.9 厘米
底径 10 厘米
故宫博物院藏

Illustration
Eastern Jin dynasty
Black glaze chicken-spout pot with dish-shaped mouth and two handles

Height 18cm, mouth diameter 7.9cm,
bottom diameter 10cm
Collected by the Palace Museum

壶盘口，束颈，斜肩，鼓腹下收，平底。肩部一侧贴塑一鸡首，一侧置曲柄与盘口相连，左右有对称双系。黑釉不及底，施釉不匀，釉薄处呈酱黄色。底部无釉，有五个支钉烧痕。

魏晋南北朝时期，盘口壶的肩部常饰有动物头装饰，常见的是鸡首，也有羊首、牛首等，有的兽首口部开孔与壶体连通，有的仅为装饰。这类盘口壶早期的造型一般短颈、圆腹，较低矮、丰满，晚期颈部逐渐加长，腹部也变高，显得端庄、挺拔。

66 东晋 黑釉鸡首壶标本

Eastern Jin dynasty

Specimens of black glaze chicken-spout pot

67 东晋 黑釉灯标本
Eastern Jin dynasty
Specimen of black glaze lamp

68 东晋 黑釉碗标本
Eastern Jin dynasty
Specimen of black glaze bowl

69 东晋 黑釉碗标本
Eastern Jin dynasty
Specimen of black glaze bowl

70　**东晋　黑釉碗标本**
Eastern Jin dynasty
Specimen of black glaze bowl

71　**东晋　黑釉盘标本**
Eastern Jin dynasty
Specimen of black glaze plate

72　**东晋　黑釉砚标本**
Eastern Jin dynasty
Specimen of black glaze ink stone

73 **东晋 窑具标本**
Eastern Jin dynasty
Specimens of kiln furniture

余杭（石马斗）窑遗址
Ruin of Yuhang kiln at Shimadou

余杭（石马斗）窑遗址瓷片遗存
Pileup of porcelain parts at the ruin of Yuhang kiln at Shimadou

74　东晋　青釉双系罐标本
Eastern Jin dynasty
Specimens of green glaze jar with two handles

75　东晋　青釉双复系罐标本
Eastern Jin dynasty
Specimens of green glaze jar with two handles

76 东晋 青釉盘口壶标本
Eastern Jin dynasty
Specimen of green glaze pot with dish-shaped mouth

77 东晋 青釉盘口壶标本
Eastern Jin dynasty
Specimen of green glaze pot with dish-shaped mouth

78 **东晋　青釉碗标本**
Eastern Jin dynasty
Specimens of green glaze bowl

79 东晋 青釉碗标本

Eastern Jin dynasty

Specimens of green glaze bowl

80 东晋 青釉碗标本

Eastern Jin dynasty

Specimens of green glaze bowl

81　**东晋　青釉碗标本**

Eastern Jin dynasty

Specimens of green glaze bowl

82 东晋 青釉碗标本

Eastern Jin dynasty

Specimens of green glaze bowl

83 东晋 青釉碗标本
Eastern Jin dynasty
Specimen of green glaze bowl

84 东晋 青釉盘标本
Eastern Jin dynasty
Specimen of green glaze plate

85 东晋　青釉褐斑盘口壶标本

Eastern Jin dynasty

Specimens of green glaze pot with dish-shaped mouth and brown speckles

86 东晋 青釉褐斑碗标本

Eastern Jin dynasty

Specimens of green glaze bowl with brown speckles

87　东晋　青釉褐斑碗标本

Eastern Jin dynasty

Specimens of green glaze bowl with brown speckles

88　东晋　黑釉盘口壶标本

Eastern Jin dynasty

Specimen of black glaze pot with dish-shaped mouth

89　**东晋　黑褐釉碗标本**

Eastern Jin dynasty

Specimens of blackish brown glaze bowl

90 东晋 黑褐釉碗标本
Eastern Jin dynasty
Specimens of blackish brown glaze bowl

91　**东晋　窑具标本**

Eastern Jin dynasty

Specimens of kiln furniture

郊坛官窑

窑址在浙江省杭州市，为宋代五大名窑之一。宋叶寘《坦斋笔衡》中记载，继南宋临安（今杭州）修内司窑之后，“郊坛下别立新窑”。据此而知，这是南宋设立的第二座官窑。窑址于20世纪初发现，20世纪50年代起，乌龟山窑址被多次发掘，发现了窑炉、窑具及瓷器碎片。瓷器碎片的主要器类有盘、碗、碟、洗及仿商周秦汉古铜器与玉器造型的器物。胎土呈黑灰及黑褐色，胎较薄，施釉较厚，釉色有粉青、月白、米黄等色。釉面有开片，片纹较大，并有冰裂纹，与文献记载的官窑器物特征基本吻合。传世的官窑器物目前所见主要有方、圆、葵口、折沿等各式洗，瓜棱、贯耳、胆式、弦纹瓶，葵口、花式盘，葵口、圆口碗，盏托等。大部分有紫口铁足特征。器物多采用支钉支烧，传世品盘、洗有五至八个支钉痕，出土的支烧窑具有一至六个支钉的。有少数器物在造型、釉色、片纹上都与哥窑难以区分。官窑制品明、清时期御窑厂大量仿制，其中以雍正时期仿品质量最佳，有的已达到乱真的程度。从故宫博物院对所藏官窑瓷器的科学检测看，其窑口比较复杂，不止郊坛、老虎洞等产地。

Guan Kiln, Jiaotan

Guan kiln site is in Hangzhou, Zhejiang Province. It was one of the five famous kilns in Song dynasty. According to a book by Ye Zhen of Southern Song dynasty, Guan kiln at Jiaotan was the second official kiln established by the authority of Southern Song dynasty, after Xiuneisi kiln. Jiaotan kiln site was discovered at the beginning of 20th century. Since the 1950s, several excavations had been conducted at kiln sites around the Wuguishan Mountain. Kiln, kiln furniture and porcelain parts were found. Porcelain parts collected reveal that main porcelain types of the kiln were plates, bowls, saucers, washers and imitations of ancient bronze and jade artifacts of Shang, Zhou, Qin and Han dynasty. The body was thin and in black gray or dark brown. Whereas the glaze was thick. Glaze color varied from powder blue, moon-white to beige, etc. Glaze layer had relatively large ice crackles which well match the characteristics of Guan kiln wares documented. Handed down Guan kiln wares are mainly washers of square and round shaped or with mallow-petal rim and everted flange, vases of melon or gall-shaped, or with pierced handles or strings, plates of mallow-petal and flower-shaped, bowls with mallow-petal and round rim, saucers and so on. A majority of them are with purple mouth and iron foot. They were usually supported by spurs when fired. Handed down plates and washers have five to eight spur-marks. Unearthed kiln furniture has one to six spurs. There are a few Guan kiln wares which are difficult to distinguish from Ge kiln wares in term of shaping, glaze color and crackles on glaze layer. During Ming and Qing dynasty, the imperial kiln imitated a lot of Guan kiln wares. The best imitations came from Yongzheng period of Qing dynasty and some reached lifelike. Scientific testing of Guan kiln wares in the collection of the Palace Museum suggests that they are not just from kilns at Jiaotan and Laohudong. There may be some other kilns fired the same kind of porcelains.

郊坛官窑窑址遗存
Ruin of Guan kiln at Jiaotan

郊坛官窑窑炉遗存
Kiln ruin of Guan kiln at Jiaotan

92　**南宋　青釉瓶标本**
Southern Song dynasty
Specimen of green glaze vase

93　**南宋　青釉瓶标本**
Southern Song dynasty
Specimens of green glaze vase

94 **南宋　青釉瓶标本**

Southern Song dynasty

Specimens of green glaze vase

95 南宋 青釉花式瓶标本

Southern Song dynasty

Specimens of green glaze flower-shaped vase

96　南宋　青釉方瓶标本
Southern Song dynasty
Specimen of green glaze square vase

97　南宋　青釉双环耳瓶标本
Southern Song dynasty
Specimen of green glaze vase with two handles in shape of rings

98 南宋 青釉罐标本
Southern Song dynasty
Specimens of green glaze jar

99 南宋 青釉瓜棱罐标本
Southern Song dynasty
Specimen of green glaze melon-shaped jar

100 南宋 青釉双系罐标本
Southern Song dynasty
Specimen of green glaze jar with two handles

101　**南宋　青釉三足炉标本**

Southern Song dynasty

Specimens of green glaze burner with three-legged design

102 南宋 青釉三足炉标本
Southern Song dynasty
Specimens of green glaze burner with three-legged design

103 **南宋 青釉出戟三足炉标本**

Southern Song dynasty

Specimens of green glaze burner with ribs and three-legged design

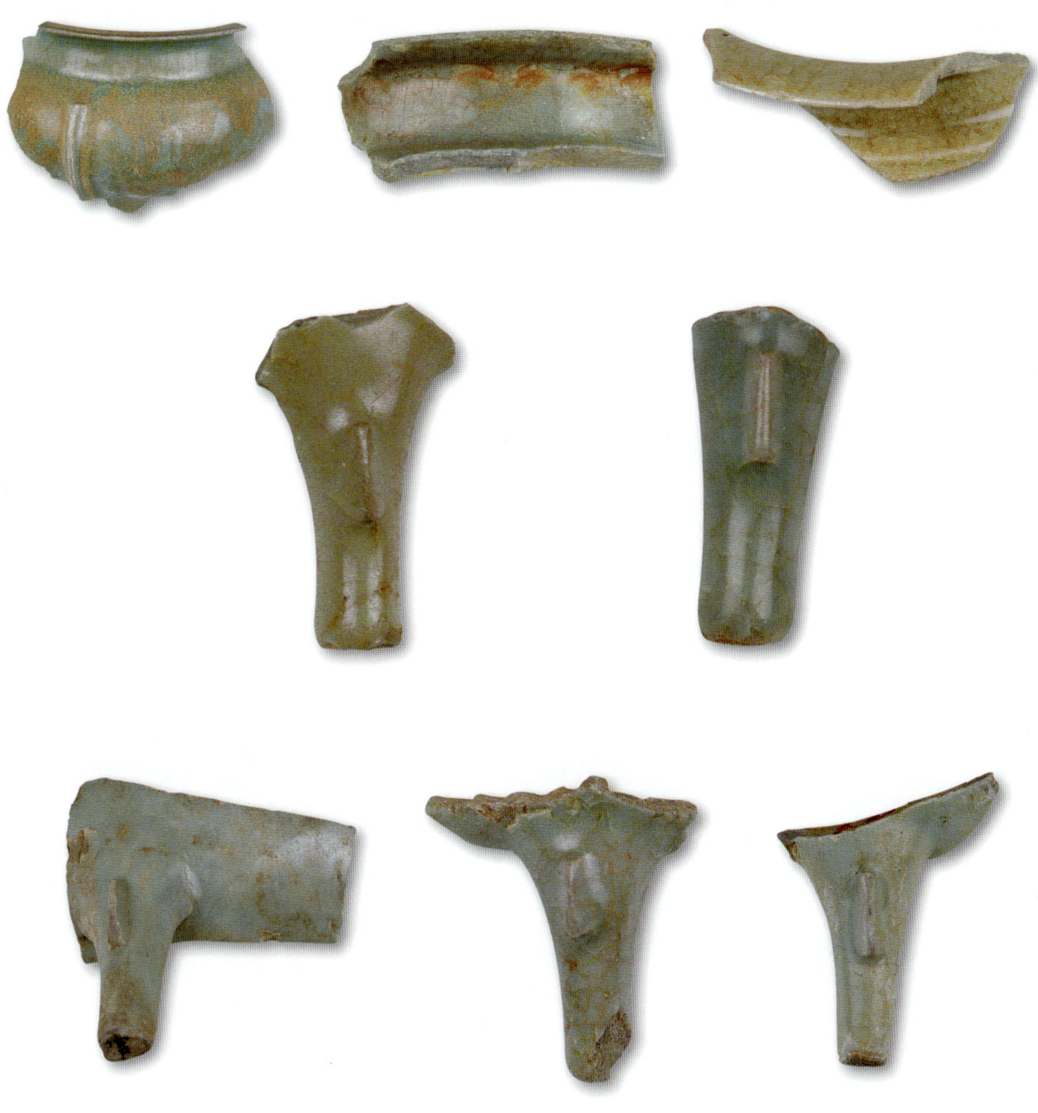

104　南宋　青釉双耳炉标本

Southern Song dynasty

Specimens of green glaze burner with two handles

105　**南宋　青釉鱼耳炉标本**
Southern Song dynasty
Specimen of green glaze burner
with fish-shaped handles

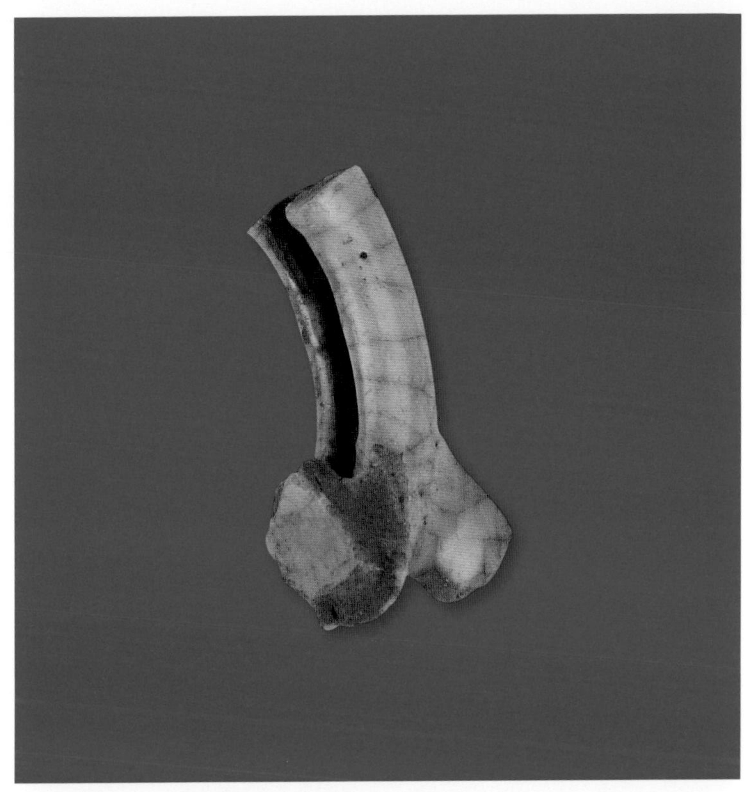

106　**南宋　青釉香熏标本**
Southern Song dynasty
Specimen of green glaze incense
burner

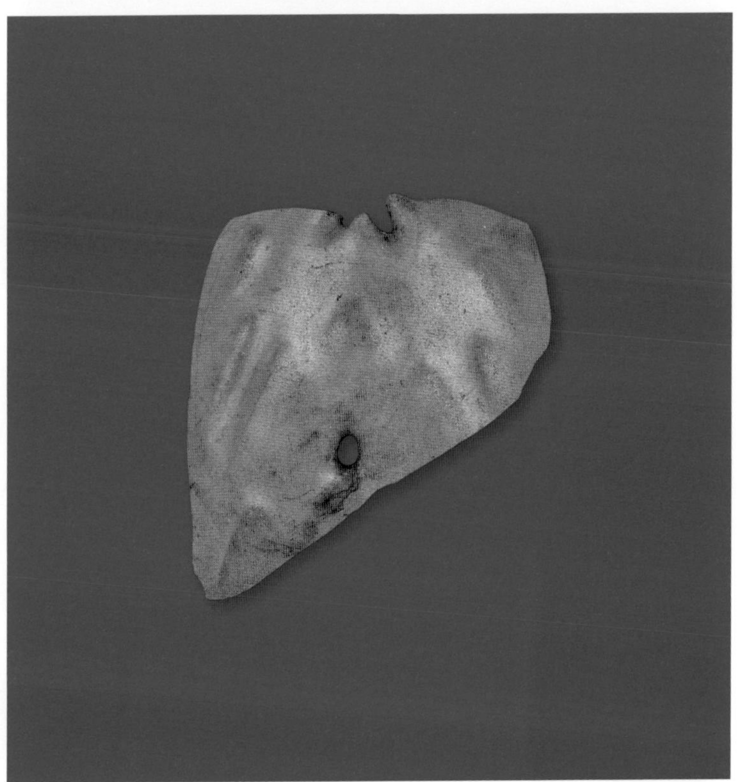

107 **南宋　青釉器盖标本**
Southern Song dynasty
Specimen of green glaze cover

108 **南宋　青釉器盖标本**
Southern Song dynasty
Specimens of green glaze cover

109　**南宋　青釉荷叶形器盖标本**
Southern Song dynasty
Specimen of green glaze lotus-leaf-shaped cover

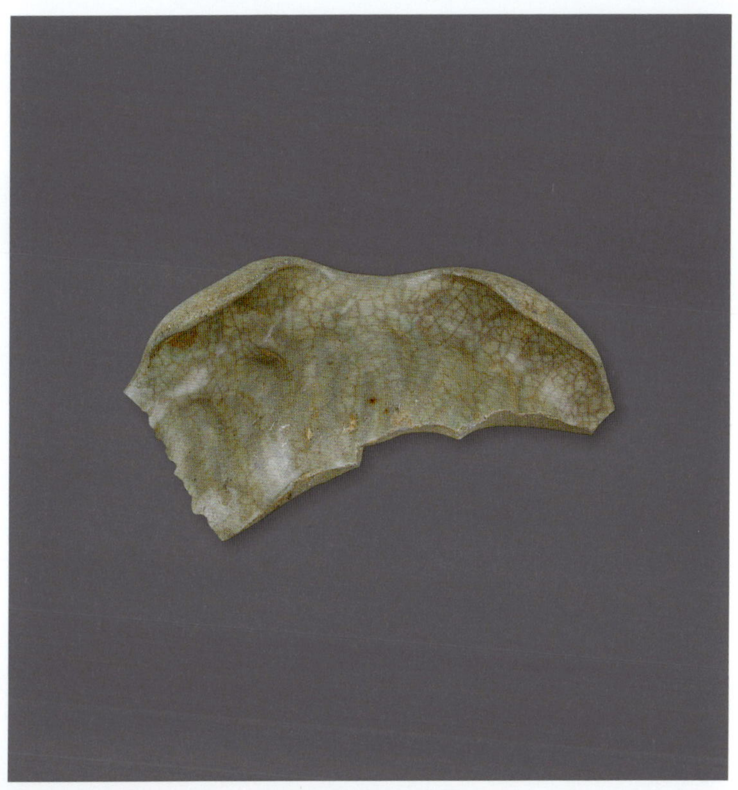

110　**南宋　青釉供器标本**
Southern Song dynasty
Specimen of green glaze sacrificial ware

111　南宋　青釉渣斗标本

Southern Song dynasty

Specimens of green glaze refuse-vessel

112 **南宋　青釉折沿器标本**

Southern Song dynasty

Specimens of green glaze ware with everted flange

113　**南宋　青釉花口花盆标本**

Southern Song dynasty

Specimens of green glaze flower pot with flower rim

114　**南宋　青釉匜标本**

Southern Song dynasty

Specimen of green glaze ewer

115　**南宋　青釉盘标本**

Southern Song dynasty

Specimens of green glaze plate

116　南宋　青釉盘标本

Southern Song dynasty

Specimens of green glaze plate

附图

南宋　青釉折腰盘

高4厘米　口径17.8厘米
足径5.4厘米
故宫博物院藏

Illustration
Southern Song dynasty
Green glaze waisted plate

Height 4cm, mouth diameter 17.8cm,
foot diameter 5.4cm
Collected by the Palace Museum

盘敞口，口以下斜收，足圈修整规矩。腰间有明显的硬折痕，故名“折腰盘”。胎体轻薄，呈黑褐色。内外施青灰色釉，足底刻“陈宫”二字。

117　南宋　青釉洗标本
Southern Song dynasty
Specimens of green glaze washer

118　南宋　青釉弦纹瓶标本
Southern Song dynasty
Specimen of green glaze vase with design of string

119　南宋　青釉琮式瓶标本
Southern Song dynasty
Specimen of green glaze vase of Cong style

120 **南宋　窑具标本**

Southern Song dynasty

Specimens of kiln furniture

121　南宋　窑具标本
Southern Song dynasty
Specimens of kiln furniture

122 **南宋 窑具标本**

Southern Song dynasty

Specimens of kiln furniture

123 **南宋 窑具标本**
Southern Song dynasty
Specimens of kiln furniture

萧山窑

窑址在浙江省萧山县。故宫博物院部分专家学者20世纪80年代调查了萧山上董窑址，2006年调查了茅湾里、纱帽衫窑址。

过去萧山县共发现窑址三处：一在进化区，烧瓷历史较早，采集标本与江浙地区战国西汉墓出土器物相同；二在戴村区上董村，出土有青釉褐斑四系壶，划花复线莲瓣纹装饰标本，具有东晋南朝时期风格；三在石盖村，出土遗物与上董村窑近似，具东晋时期风格。

近些年又发现不少战国时期的窑址，茅湾里、纱帽衫窑址采集标本与德清窑、绍兴富盛窑战国时期原始瓷在造型、装饰及工艺方面极为相似，以弦纹浅碗较为常见。

Xiaoshan Kiln

Xiaoshan kiln is located in Xiaoshan County, Zhejiang Province. Experts from the Palace Museum investigated kiln site at Shangdong in the 1980s and in 2006, they investigated kiln sites at Maowanli, Shamaoshan.

In the past, three kiln sites were found in Xiaoshan County. One is in Jinhua District. The kiln has a relatively earlier firing history. Specimens collected from the site are similar to artifacts unearthed from tombs of the Warring States and West Han dynasty in Jiangsu and Zhejiang Province. The second kiln site is at Shangdong Village, Daicun District, where unearthed green glaze pot with four handles and brown splashes and porcelain parts with incised line and lotus-petal design. They reflect the style of Eastern Jin and Southern Dynasties. The third is at Shigai Village. Relics unearthed here with Eastern Jin dynasty style are about the same as that at Shangdong Village.

In recent years, many kiln sites of Warring States period have been discovered. Specimens collected from kiln sites at Maowanli, Shamaoshan are very much similar to primitive celadon of Deqing, Shaoxing and Fusheng kiln in Warring States period in term of shaping, decoration and technique. Shallow bowls with design of strings are very common.

124　**东晋　青釉盘口瓶标本**
Eastern Jin dynasty
Specimen of green glaze vase with dish-shaped mouth

125　**东晋　青釉褐斑带系罐标本**
Eastern Jin dynasty
Specimen of green glaze jar with brown speckles and handles

126　南朝　青釉刻划花莲瓣纹碗标本

Southern Dynasties

Specimen of green glaze bowl with incised lotus-petal design

127　南朝　青釉刻划花莲瓣纹碗标本

Southern Dynasties

Specimens of green glaze bowl with incised lotus-petal design

临安窑

2010年10月，故宫博物院的部分专家学者调查了临安窑的绍鲁、谢家两处窑址。从标本特征来看，烧瓷时间主要在宋代。以烧造青白釉、青釉、黑褐釉为主。

绍鲁窑。烧造青白釉、青釉及黑褐釉器物，青白釉有小件瓶、罐、壶、炉、盒、灯等，造型小巧，胎薄体轻。瓶、壶、罐上有的饰阳文印花，有的刻柳编纹；炉有三足炉与平沿筒式炉；盒身多饰菊瓣纹装饰。从器物的釉色与装饰来看，接近福建浦城地区青白釉风格。刮圈叠烧有碗、盘，有些碗内有出筋装饰，有的还有阳纹印花装饰，可见团花、莲花、折枝花、朵花以及印“月”字者，外围均有涩圈。青釉有厚胎大碗，里心刮长方形露胎，与广东地区唐代瓷窑的工艺有相似之处。黑釉有小碗，造型小巧。还有青白釉、黑釉一起叠烧的器物。

谢家窑。主要烧造青釉、青白釉、青黄釉、黑釉。青釉有刮圈叠烧碗，碗口沿内有一条凹槽，斜方唇，造型很有特点，少量里心有印花朵花纹。青白釉数量较少，有刻花装饰。青黄釉有罐、壶等。黑釉主要有小盏，口有折痕，有的装饰青釉口。也有青釉、黑釉叠烧在一起的碗。窑具有垫圈、研磨器等。

Lin'an Kiln

Experts from the Palace Museum investigated Lin'an kiln sites at Shaolu and Xiejia in October, 2010. Characteristics of specimens collected suggest the kiln started to fire in Song dynasty. The kiln fired mainly bluish white, green, blackish brown glaze wares.

Bluish white, green, blackish brown glaze wares were fired at Shaolu. Bluish white glaze wares are small vases, jars, pots, burners, boxes, lamps, etc. They are of small size but excellent shaping, thin body and light weight. Some of the vases, pots and jars are with stamped design in positive legend; some are with incised design of willow-weave. Burners are with three legs or barrel-shaped with flat rim. Boxes are usually with design of chrysanthemum. As far as glaze color and decoration be concerned, bluish white glaze wares of Shaolu are very close to the style of wares fired in Pucheng area of Fujian Province. The glaze inside the center of bowls and plates was scraped away and then put into kiln one inside the other directly and fired. Some of the bowls are with design of ribs inside and some with stamped design of flowers in positive legend. The stamped patterns are medallion, lotus, disconnected sprays of flowers, embossed flowers and Chinese character Yue. There are always a ring-shaped stripe of unglazed in side the bowls and plates. The firing technique of green glaze large size bowl with thick body and a rectangular section inside the center with glaze scraped away is similar to that of porcelain kilns of Tang dynasty in Guangdong region. Black glaze bowls are of small size but excellent shaping. In addition, evidence of bluish white glaze and black glaze wares being mixed and fired has been found.

Kiln at Xiejia fired mainly green glaze, bluish white glaze, greenish yellow glaze and black glaze wares. A green glaze bowl with a ring-shaped stripe with glaze removed, fired one inside the other directly, and with a ring concave just below the rim, is unique in shaping. A few of the green glaze bowls are with stamped floral design inside the center. There are not so many bluish white glaze wares and they are with incised design. Greenish yellow glaze wares are jars, pots, etc. Black glaze wares are mainly small saucers with rim folded. Some of the saucers are with green glaze rim. Specimens of green glaze and black glaze bowls being mixed and fired have been collected. Kiln furniture includes supporting rings, grinding wares and such.

临安（绍鲁）窑遗址
Ruin of Lin'an kiln at Shaolu

临安（绍鲁）窑遗址瓷片遗存
Pileup of porcelain parts at the ruin of Lin'an kiln at Shaolu

128 **宋 青白釉瓶标本**

Song dynasty

Specimens of bluish white glaze vase

129 **宋　青白釉带系瓶标本**

Song dynasty

Specimens of bluish white glaze vase with handles

130 **宋　青白釉带系罐标本**

Song dynasty

Specimen of bluish white glaze jar with handles

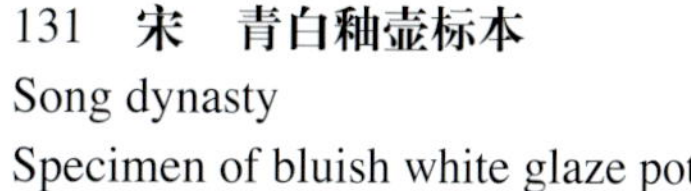

131 **宋　青白釉壶标本**

Song dynasty

Specimen of bluish white glaze pot

132　**宋　青白釉三足炉标本**
Song dynasty
Specimen of bluish white glaze burner with three-legged design

133　**宋　青白釉灯标本**
Song dynasty
Specimen of bluish white glaze lamp

134 宋 青白釉盒标本
Song dynasty
Specimens of bluish white glaze box

135 宋 青白釉盒标本
Song dynasty
Specimen of bluish white glaze box

136 **宋 青白釉缸标本**

Song dynasty

Specimens of bluish white glaze vat

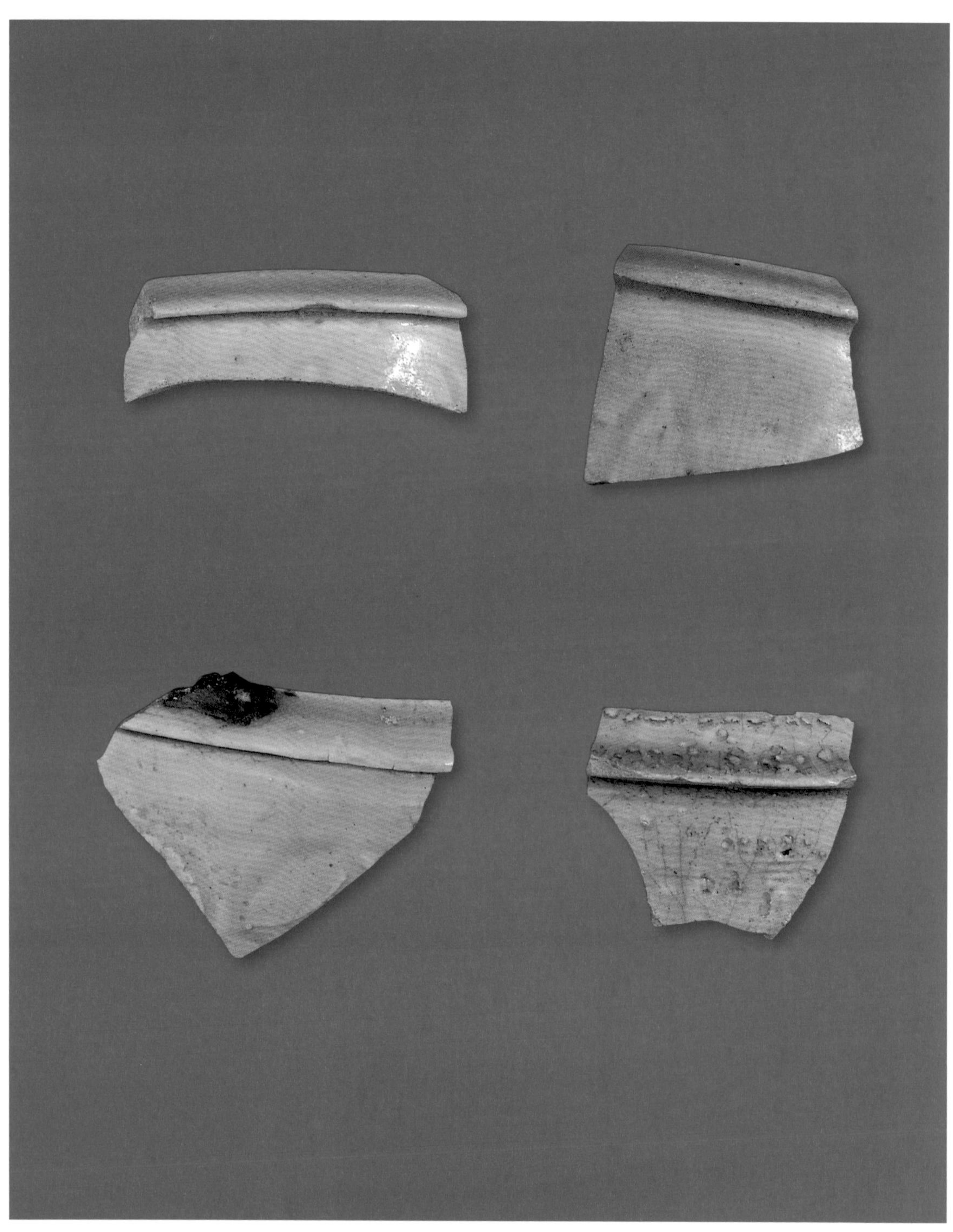

137　宋　青白釉碗标本

Song dynasty

Specimens of bluish white glaze bowl

138 宋 青白釉碗标本

Song dynasty

Specimens of bluish white glaze bowl

139 **宋　青白釉碗标本**
Song dynasty
Specimen of bluish white glaze bowl

140 **宋　青白釉花口碗标本**
Song dynasty
Specimen of bluish white glaze bowl with flower rim

141 **宋 青白釉盘标本**

Song dynasty

Specimens of bluish white glaze plate

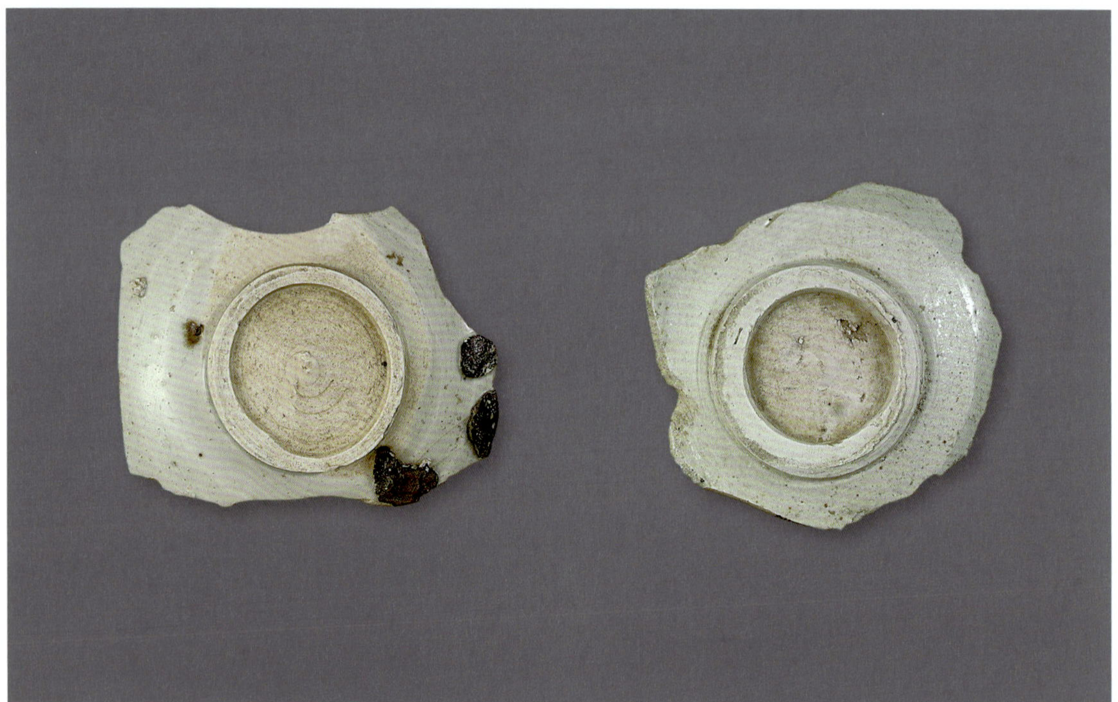

142　宋　青白釉折沿盆标本

Song dynasty

Specimen of bluish white glaze basin with everted flange

143　宋　青白釉弦纹炉标本

Song dynasty

Specimens of bluish white glaze burner with design of strings

144　宋　青白釉凸线纹碗标本

Song dynasty

Specimens of bluish white glaze bowl with design of strings in relief

145 宋 青白釉凸线纹碗标本

Song dynasty

Specimens of bluish white glaze bowl with design of strings in relief

146　宋　青白釉印线纹罐标本

Song dynasty

Specimen of bluish white glaze jar with stamped design of lines

147　宋

青白釉印花叶纹罐标本

Song dynasty

Specimen of bluish white glaze jar with stamped leaf design

148　**宋　青白釉印花编织纹罐标本**

Song dynasty

Specimens of bluish white glaze jar with stamped design of weave patterns

149　**宋**

青白釉印花莲瓣纹带系罐标本

Song dynasty

Specimen of bluish white glaze jar with handles and stamped lotus-petal design

150 宋 青白釉印花菊瓣纹盒标本
Song dynasty
Specimens of bluish white glaze box with stamped chrysanthemum-petal design

151 宋 青白釉印线纹盒标本
Song dynasty
Specimen of bluish white glaze box with stamped design of lines

152 宋 青白釉印花朵花纹碗标本

Song dynasty

Specimens of bluish white glaze bowl with stamped flower design

153　宋　青白釉印花朵花纹碗标本

Song dynasty　Specimen of bluish white glaze bowl with stamped flower design

154　宋　青白釉印花莲花纹碗标本

Song dynasty　Specimen of bluish white glaze bowl with stamped lotus design

155 宋 青白釉印花莲花纹碗标本

Song dynasty

Specimens of bluish white glaze bowl with stamped lotus design

156　宋　青白釉印花莲花纹碗标本

Song dynasty

Specimens of bluish white glaze bowl with stamped lotus design

157 **宋 青白釉印花莲花纹碗标本**

Song dynasty

Specimens of bluish white glaze bowl with stamped lotus design

158　宋　青白釉印花莲花纹碗标本

Song dynasty　Specimen of bluish white glaze bowl with stamped lotus design

159　宋　青白釉印"月"字碗标本

Song dynasty　Specimen of bluish white glaze bowl with stamped Chinese character Yue

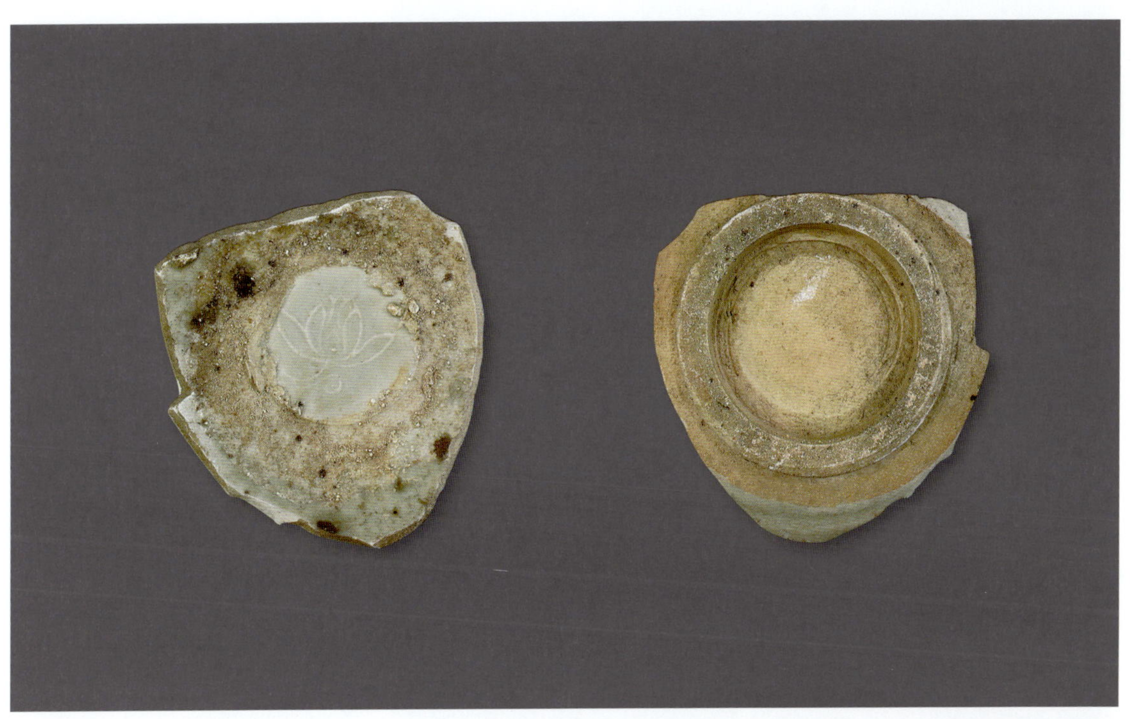

160 **宋　青白釉刻花叶纹瓶标本**
Song dynasty
Specimen of bluish white glaze vase with incised leaf design

161 **宋　青白釉刻花炉标本**
Song dynasty
Specimen of bluish white glaze burner with incised design

162
宋　青白釉刻花花瓣纹缸标本
Song dynasty
Specimen of bluish white glaze vat with incised flower-petal design

163　宋
青白釉刻花莲瓣纹碗标本
Song dynasty
Specimens of bluish white glaze bowl with incised lotus-petal design

164 **宋　青白釉黑釉叠烧碗标本**

Song dynasty

Specimens of bluish white glaze and black glaze bowls fired together

165 宋 青白釉黑釉叠烧碗标本
Song dynasty
Specimen of bluish white glaze and black glaze bowls fired together

166 宋 黑釉碗标本
Song dynasty
Specimen of black glaze bowl

167 宋 黑釉碗标本

Song dynasty

Specimens of black glaze bowl

168　**宋　黑釉碗标本**

Song dynasty

Specimens of black glaze bowl

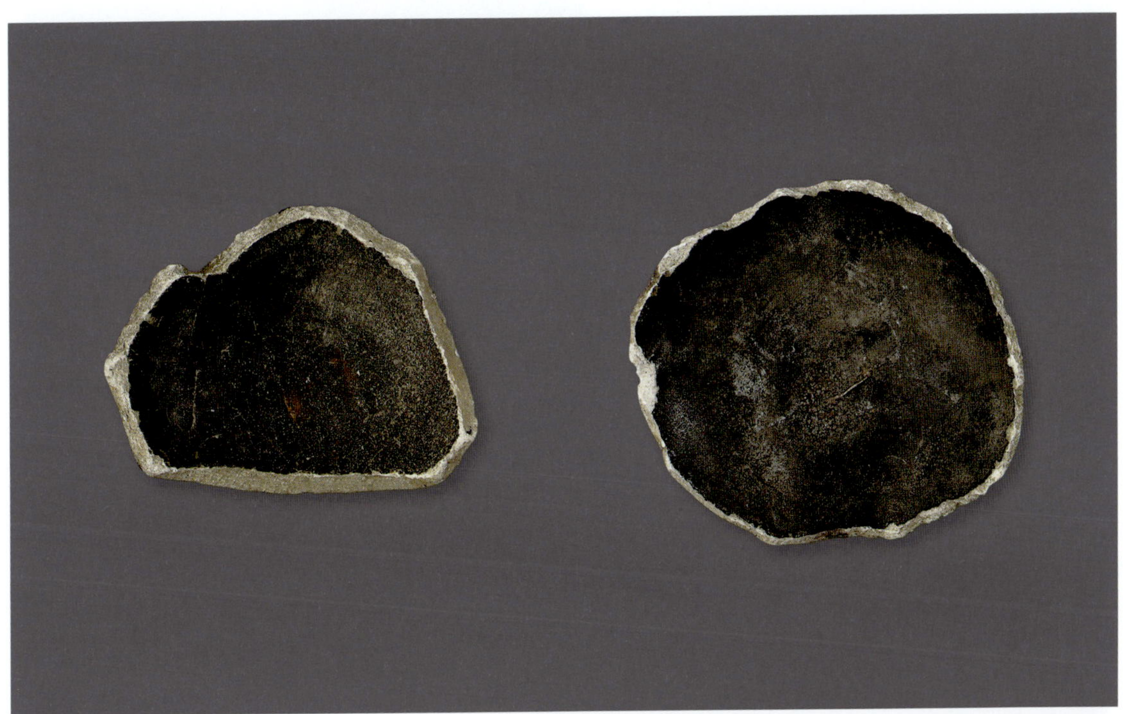

169 **宋　黑釉碗标本**

Song dynasty

Specimens of black glaze bowl

170 **宋 窑具标本**
Song dynasty
Specimen of kiln furniture

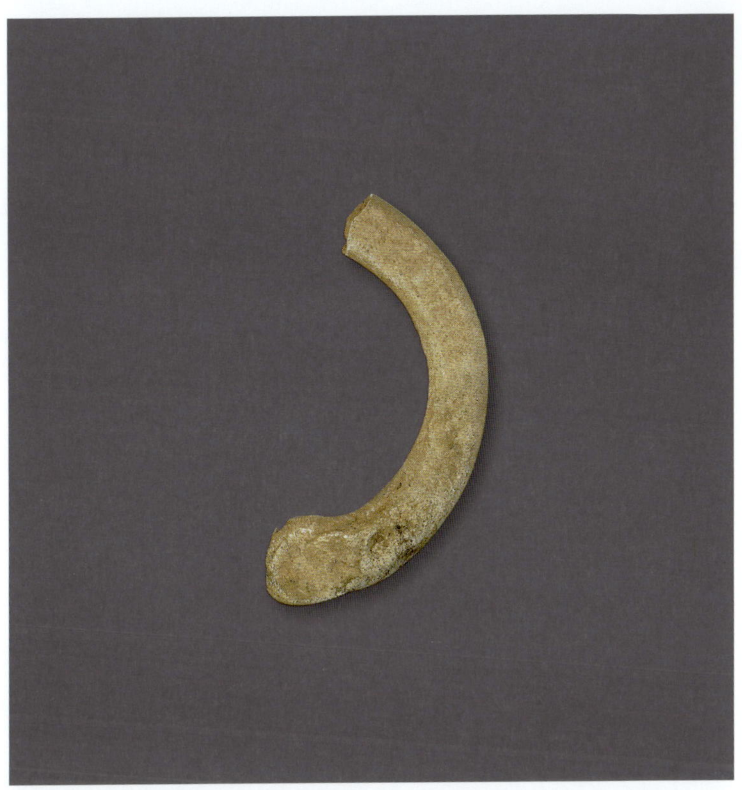

171 **宋 窑具标本**
Song dynasty
Specimen of kiln furniture

临安（谢家）窑遗址
Ruin of Lin'an kiln at Xiejia

临安（谢家）窑遗址
Ruin of Lin'an kiln at Xiejia

172 **宋 青釉碗标本**

Song dynasty

Specimens of green glaze bowl

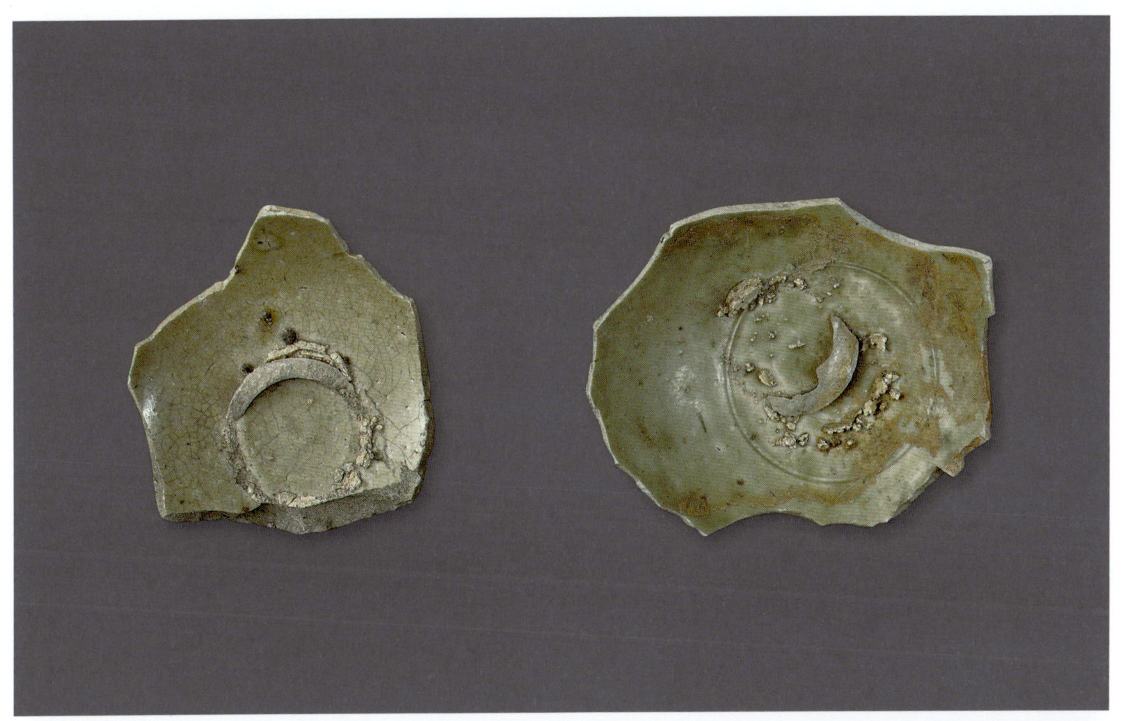

173 **宋　青釉碗标本**

Song dynasty

Specimens of green glaze bowl

174　宋　青釉碗标本

Song dynasty

Specimens of green glaze bowl

175　**宋　青釉碗标本**

Song dynasty

Specimens of green glaze bowl

176 **宋 青釉碗标本**

Song dynasty

Specimens of green glaze bowl

177 **宋　青釉碗标本**
Song dynasty
Specimens of green glaze bowl

178 **宋　青釉折沿盘标本**
Song dynasty
Specimen of green glaze plate with everted flange

179 宋 青釉印花朵花纹碗标本

Song dynasty

Specimens of green glaze bowl with stamped flower design

180 **宋　青釉碗标本**
Song dynasty
Specimen of green glaze bowl

181 **宋　青釉刻线纹碗标本**
Song dynasty
Specimen of green glaze bowl with incised line design

182　宋

青白釉刻花莲瓣纹缸标本

Song dynasty

Specimen of bluish white glaze vat with incised lotus-petal design

183　宋

青白釉刻花莲瓣纹碗标本

Song dynasty

Specimen of bluish white glaze bowl with incised lotus-petal design

184 宋 青釉黑釉叠烧碗标本

Song dynasty

Specimen of green glaze and black glaze bowls fired together

185 宋 黑釉碗标本

Song dynasty

Specimen of black glaze bowl

186　宋　黑釉碗标本

Song dynasty

Specimens of black glaze bowl

187　**宋　黑釉碗标本**

Song dynasty

Specimens of black glaze bowl

188 **宋　黑釉碗标本**
Song dynasty
Specimen of black glaze bowl

189 **宋　黑釉青口碗标本**
Song dynasty
Specimen of black glaze bowl with green rim

190 宋 酱黄釉壶（罐）标本
Song dynasty
Specimen of dark brownish yellow glaze pot (jar)

191 宋 酱黄釉双系壶标本
Song dynasty
Specimen of dark brownish yellow glaze pot with two handles

绍兴窑

窑址在浙江省绍兴市，是浙江省早期瓷窑之一。已发现主要窑址三处——吼山、富盛和上灶。故宫博物院部分专家学者20世纪80年代调查了富盛、上灶窑址,2007年调查了吼山战国时期的原始瓷窑址。

吼山窑。烧制印纹硬陶和原始青瓷，产品造型、烧造工艺与德清窑战国时期产品相似。

富盛窑。有两处，一处在富盛区长竹园一带，战国时期烧制原始青瓷，遗物有青釉碗、钵、直口小盘等器，盘内有明显的旋痕；一处在下蒲西一带，出土遗物多印带状网纹及铺首装饰，具有吴、西晋时期特征。

上灶窑。烧制具有越窑风格的器物，有青釉盘、碗、瓜棱壶、灯、盆、碟、盒、瓶、罐、小杯等，装饰有划花朵花纹、鹦鹉纹、荷叶纹等。

Shaoxing Kiln

Shaoxing kiln is one of the earliest porcelain kilns in Zhejiang province. Kiln sites are found in Fusheng, Houshan and Shangzao. Experts from the Palace Museum made an investigation into Shaoxing kiln in the 1980s in Shangzao and Fusheng. In 2007, they conducted another investigation of kiln sites at Houshan, where primitive porcelains were fired in Warring States Period.

Houshan kiln fired hard pottery with stamped patterns and primitive celadon. Its product shaping and firing technique is similar to that of Deqing kiln of the same period.

In Fusheng area, there are two kiln sites. One is at Changzhuyuan, where primitive celadon was fired during Warring States period. Relics found are green glaze bowls, alms bowls and small cups with straight mouth and clear spin marks inside. Another kiln site is at Xiapuxi. Relics unearthed there are usually with stamped patterns of net stripes and decorative Pu Shou and with the characteristics of wares of Wu of Three Kingdoms and Western Jin dynasty.

Such Yue kiln style wares as green glaze plates, bowls, melon-shaped pots, lamps, basins, saucers, boxes, vases, jars, small cups, etc. were fired in Shangzao. They are with incised design of flowers, parrots, lotus and so on.

绍兴（吼山）窑遗址保护碑
Monument for protecting the ruin of Shaoxing kiln at Houshan

绍兴（吼山）窑遗址外景
Ruin of Shaoxing kiln at Houshan

绍兴（吼山）窑遗址瓷片遗存
Pileup of porcelain parts at the ruin of Shaoxing kiln at Houshan

192 **战国 青釉浅碗标本**

Warring States period

Specimens of green glaze shallow bowl

193 战国 青釉浅碗标本

Warring States period

Specimens of green glaze shallow bowl

194 **战国　窑具标本**
Warring States period
Specimens of kiln furniture

绍兴（富盛）窑遗址瓷片遗存
Pileup of porceain parts at the ruin of Shaoxing kiln at Fusheng

195　**战国　青釉浅碗标本**

Warring States period

Specimens of green glaze shallow bowl

196 **战国　青釉浅碗标本**

Warring States period

Specimens of green glaze shallow bowl

197 **战国　青釉浅碗标本**

Warring States period

Specimens of green glaze shallow bowl

198　**五代至宋　青釉瓜棱壶标本**
From Five Dynasties to Song dynasty
Specimen of green glaze melon-shaped pot

199　**宋　青釉盒标本**
Song dynasty
Specimens of green glaze box

200　**宋　青釉器盖标本**

Song dynasty

Specimen of green glaze cover

201　**宋　青釉碗标本**

Song dynasty

Specimens of green glaze bowl

202　**宋　青釉刻花莲瓣纹碗标本**
Song dynasty
Specimen of green glaze bowl with incised lotus-petal design

203　**宋**
青釉刻划花莲瓣纹碗标本
Song dynasty
Specimen of green glaze bowl with incised lotus-petal design

204 宋 青釉划花卷枝纹碗标本

Song dynasty Specimens of green glaze bowl with incised branch scroll design

205 宋 青釉划花四瓣花纹碗标本

Song dynasty Specimens of green glaze bowl with incised design of four-petaled flower pattern

206　宋　青釉划花五瓣花纹碗标本
Song dynasty
Specimen of green glaze bowl with incised design of five-petaled flower pattern

207　宋　青釉划花荷叶纹碗标本
Song dynasty
Specimen of green glaze bowl with incised lotus-leaf design

208　宋　青釉划花鹦鹉纹盘标本
Song dynasty
Specimen of green glaze plate with incised parrot design

209　**宋　窑具标本**

Song dynasty

Specimens of kiln furniture

上虞窑

窑址在浙江省上虞县，已发现东汉至宋代窑址300处以上。故宫博物院部分专家学者20世纪70年代调查了上虞凌湖大队、梁湖、小仙坛、帐子山、窑寺前等处窑址。2007年又调查了帐子山、小仙坛、尼姑婆窑址。

在上虞小仙坛发现东汉时期的青瓷窑址，所出瓷片经过上海硅酸盐研究所测定：其烧成温度较高，已达1310℃，胎已基本烧结不吸水；其显气孔率和吸水率分别为0.62%和0.28%，抗弯强度达710公斤／厘米^2。以上数据表明上虞窑已经具备了烧制成熟瓷器的条件，它是我国青瓷的发源地之一。

三国、两晋、南朝时期，上虞瓷窑遗址数量比汉代明显增多，产品行销长江流域。尼姑婆窑为西晋时期瓷窑，产品质量精，是该时期具有代表性的瓷窑。带状印纹装饰盛行于西晋时期上虞窑的青釉瓷器上，一般在壶、罐、洗等器物的肩部饰以带状印纹，间饰铺首。印纹多呈网格状，有的在带状印纹上下还饰有联珠等纹饰。东晋南朝烧造盘口壶、莲瓣纹碗等器物。唐代烧造玉璧底碗等。五代到宋初时为吴越钱氏烧造贡瓷，发现窑址的数量较多，是浙江省重要产瓷区之一。

Shangyu Kiln

Shangyu kiln was found in Shangyu County, Zhejiang Province. Over 300 kiln sites spanned from Eastern Han dynasty to Song dynasty have been found in the county. Experts from the Palace Museum made an investigation into the kiln in the 1970s at Linghu, Lianghu, Xiaoxiantan, Zhangzishan, Yaosiqian, etc. In 2007, they investigated kiln sites at Zhangzishan, Xiaoxiantan and Nigupo.

At Xiaoxiantan, celadon kiln site dated back to Eastern Han dynasty was found. The testing result of unearthed celadon parts from the site by Shanghai Research Institute of Ceramics indicates its firing temperature was as high as 1310°C. At such high temperature, the body of celadon basically sintered and did not absorb water. Its porosity and water absorption rate is 0.62 % and 0.28 % respectively. Anti-bending strength reaches 710 kg/cm^2. The above data show that the kiln was capable of firing mature porcelains. It is one of the birthplaces of celadon in China.

The number of kiln ruins of Three Kingdoms, Western and Eastern Jin dynasty and Southern Dynasties discovered is much more than that of Han dynasty. Kiln products were very popular in the region of the Yangtze River. Dated back to Western Jin dynasty, kiln at Nigupo fired fine quality celadon. It was a representative of the kilns of the period. Celadon with stamped stripes of Shangyu kiln was prevalent in Western Jin dynasty. Those designs, together with decorative Pu Shou, were usually seen on shoulders of pots, jars, washers and other artifacts. Very often, the stamped stripes were in the shape of net. Sometime, at either side of the stamped net stripe, pearl-bordered medallion was applied. Shangyu kiln fired pots with dish-shaped mouth and bowls with lotus-petal design and so on from Eastern Jin dynasty to Southern Dynasties. It fired bowls with foot in shape of jade Bi, etc. in Tang dynasty. From Five Dynasties to early Song dynasty, it fired tribute porcelains for Qian's Royal Court during Wu-Yue Time. Thus, the majority of kiln sites found were dated back to the time period mentioned above. In short, Shangyu kiln was an important source of porcelains in Zhejiang Province in ancient time.

上虞（小仙坛）窑遗址保护碑

Monument for protecting the ruin of Shangyu kiln at Xiaoxiantan

210　汉　青釉双系罐标本
Han dynasty
Specimen of green glaze jar with two handles

211　汉　青釉印花钱纹罐标本
Han dynasty
Specimen of green glaze jar with stamped cash pattern design

212　汉　青釉印花网纹罐标本
Han dynasty
Specimen of green glaze jar with stamped mesh design

213 汉 青釉印花几何纹罐标本
Han dynasty Specimen of green glaze jar with stamped geometric pattern design

214 汉 青釉印花几何纹罐标本
Han dynasty Specimens of green glaze jar with stamped geometric pattern design

215 汉 青釉印花双系罐标本
Han dynasty
Specimen of green glaze jar with stamped design and two handles

216 汉 青釉划花水波纹罐标本
Han dynasty
Specimen of green glaze jar with incised wave design

217 汉 青釉划花水波纹带系罐标本
Han dynasty
Specimen of green glaze jar with incised wave design and handles

附图

东汉　青釉划花水波纹四系罐

高 19.2 厘米　口径 12.7 厘米
底径 11.7 厘米
上虞市上虞卫陶厂出土

Illustration
Eastern Han dynasty
Green glaze jar with incised wave design and four handles

Height 19.2cm, mouth diameter 12.7cm, bottom diameter 11.7cm
Unearthed at Shangyu Factory of Sanitary Ceramics in Shangyu City

罐直口，丰肩，鼓腹，平底。肩部横置四个桥形系。胎色灰白，胎质致密坚硬。青绿色釉，施釉未及底。肩部划水波纹带一周。

罐陶瓷容器，在新石器时代早期至汉代极为流行，器形为敛口、直口或敞口，短颈，圆肩或折肩，腹较深，多为平底。汉代始有瓷罐，东汉至隋唐罐腹多置系，宋代以后罐的造型更为丰富。该器是东汉晚期成熟瓷器的典型代表。

218　汉
青釉划花水波纹带系罐标本
Han dynasty
Specimen of green glaze jar with incised wave design and handles

219　汉　黑釉印花几何纹罐标本
Han dynasty
Specimen of black glaze jar with stamped geometric pattern design

220　**汉　黑釉印花几何纹罐标本**

Han dynasty

Specimen of black glaze jar with stamped geometric pattern design

221　**汉**

黑釉印花几何纹带系罐标本

Han dynasty

Specimen of black glaze jar with stamped geometric pattern design and handles

上虞（窑寺前）窑遗址瓷片遗存
Pileup of porcelain parts at the ruin of Shangyu kiln at Yaosiqian

222　**西晋　青釉碗标本**
Western Jin dynasty
Specimens of green glaze bowl

223　**西晋　青釉弦纹罐标本**
Western Jin dynasty
Specimen of green glaze jar with design of strings

224 西晋 青釉印花带状网纹罐标本

Western Jin dynasty

Specimens of green glaze jar with stamped mesh design

225 西晋
青釉印花带状卷枝纹碗标本

Western Jin dynasty

Specimen of green glaze bowl with stamped design of branch scrolls

226　西晋　青釉印花带状网纹碗标本
Western Jin dynasty　Specimens of green glaze bowl with stamped mesh design

227　西晋　青釉印花带状网纹洗标本
Western Jin dynasty　Specimens of green glaze washer with stamped mesh design

228 **西晋　青釉印花带状网纹折沿洗标本**

Western Jin dynasty

Specimen of green glaze washer with everted flange and stamped mesh design

附图

西晋

青釉印花带状网纹折沿三足洗

高 8.7 厘米　口径 20.6 厘米

底径 10.7 厘米

1971 年余姚市长丰毛竹山出土

Illustration

Western Jin dynasty

Green glaze washer with everted flange and stamped mesh design and three legs

Height 8.7cm, mouth diameter 20.6cm, bottom diameter 10.7cm

Unearthed at Maozhushan, Changfeng of Yuyao City in 1971

洗敛口，折沿，曲腹斜收，平底内凹，下承熊首形三足。胎灰白，内外均施青黄釉。腹部饰网纹带，上下饰联珠纹和弦纹，折沿上饰联珠纹和水波纹。

229 **东晋 青釉盘口壶标本**

Eastern Jin dynasty

Specimens of green glaze pot with dish-shaped mouth

230 **南朝**
青釉刻划花莲瓣纹碗标本
Southern Dynasties
Specimen of green glaze bowl with incised lotus-petal design

231 **唐 青釉玉璧底碗标本**
Tang dynasty
Specimen of green glaze bowl with jade Bi bottom

232 **五代 青釉罐标本**
Five Dynasties
Specimen of green glaze jar

233　五代　青釉花式碗标本
Five Dynasties
Specimen of green glaze flower-shaped bowl

234　五代　青釉杯标本
Five Dynasties
Specimen of green glaze cup

235 五代 青釉花式杯标本
Five Dynasties
Specimen of green glaze flower-shaped cup

236 五代 青釉刻花莲瓣纹碗标本
Five Dynasties Specimen of green glaze bowl with incised lotus-petal design

237 五代 青釉划花花式碗标本
Five Dynasties
Specimen of green glaze flower-shaped bowl with incised design

238 **宋　青釉瓜棱壶标本**
Song dynasty
Specimen of green glaze melon-shaped pot

239 **宋　青釉瓜棱双系壶标本**
Song dynasty
Specimen of green glaze melon-shaped pot with two handles

240 **宋　青釉盒标本**
Song dynasty
Specimen of green glaze box

241 **宋　青釉刻花莲瓣纹罐标本**
Song dynasty
Specimen of green glaze jar with
incised lotus-petal design

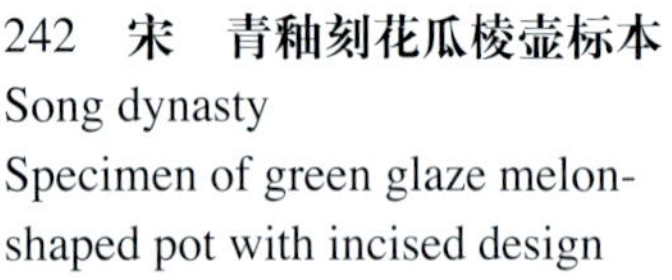

242 **宋　青釉刻花瓜棱壶标本**
Song dynasty
Specimen of green glaze melon-
shaped pot with incised design

243　宋
青釉刻花瓜棱双系壶标本
Song dynasty
Specimen of green glaze melon-shaped pot with two handles and incised design

244　宋　**青釉刻花碗标本**
Song dynasty
Specimen of green glaze bowl with incised design

245 宋 青釉刻花放射纹碗标本
Song dynasty
Specimen of green glaze bowl with incised design of rays

246 宋 青釉刻花莲瓣纹杯标本
Song dynasty
Specimen of green glaze cup with incised lotus-petal design

247　宋　青釉刻划花花卉纹壶标本

Song dynasty

Specimen of green glaze pot with incised floral design

248　宋

青釉刻划花花卉纹瓜棱壶标本

Song dynasty

Specimen of green glaze melon-shaped pot with incised floral design

249　宋　青釉刻划花花卉纹盒标本

Song dynasty

Specimen of green glaze box with incised floral design

250　宋　青釉刻划花朵花纹盘标本
Song dynasty
Specimen of green glaze plate with incised flower design

251　宋　青釉划花花卉纹壶标本

Song dynasty

Specimen of green glaze pot with incised floral design

252　宋　青釉划花瓜棱壶标本

Song dynasty

Specimen of green glaze melon-shaped pot with incised design

253　宋

青釉划花花卉纹碗标本

Song dynasty

Specimen of green glaze bowl with incised floral design

254　宋　青釉划花花卉纹碗标本
Song dynasty
Specimens of green glaze bowl with incised floral design

255 宋 青釉镂空器盖标本
Song dynasty
Specimen of green glaze cover in openwork

256 宋 窑具标本
Song dynasty
Specimen of kiln furniture

257 宋 印“王”字窑具标本
Song dynasty
Specimens of kiln furniture with stamped Chinese character Wang

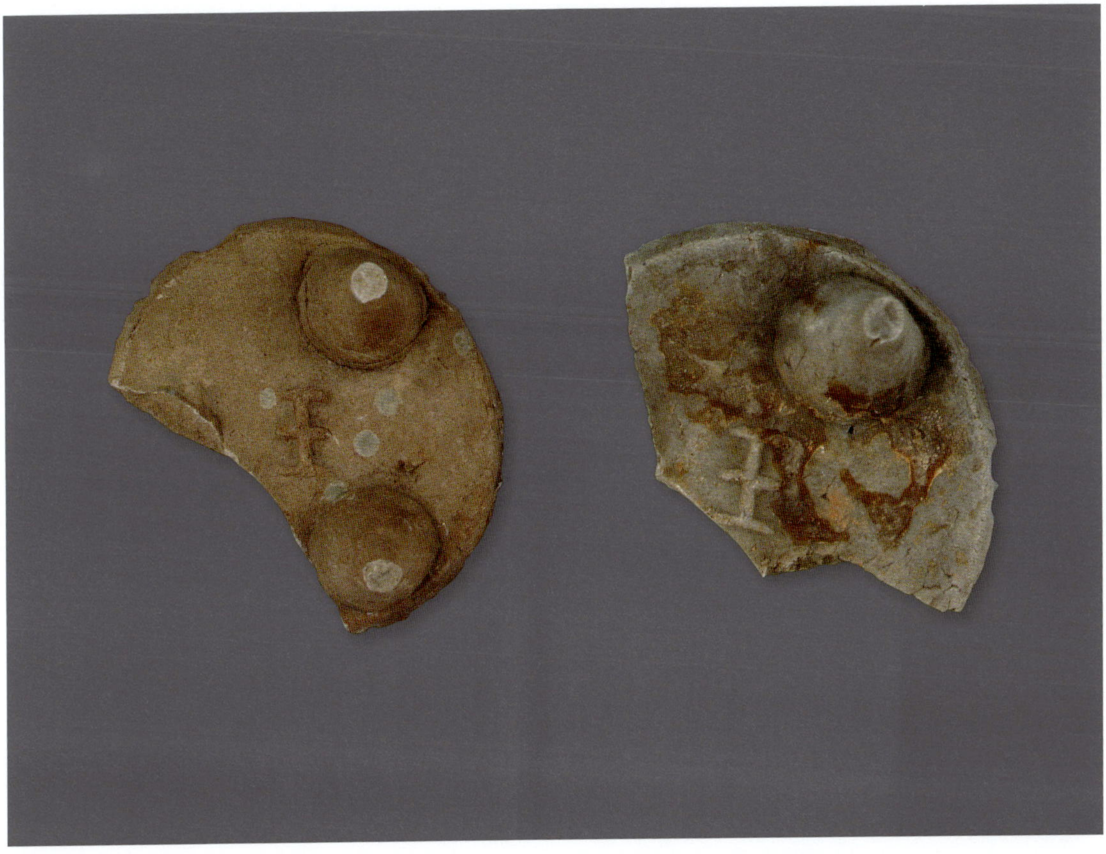

上虞（尼姑婆）窑遗址
Ruin of Shangyu kiln at Nigupo

上虞（尼姑婆）窑遗址瓷片遗存
Pileup for porcelain parts at the ruin of Shangyu kiln at Nigupo

258　西晋　青釉罐标本
Western Jin dynasty
Specimen of green glaze jar

259　西晋　青釉带系罐标本
Western Jin dynasty
Specimen of green glaze jar with handles

260 **西晋 青釉盒盖标本**
Western Jin dynasty
Specimen of green glaze box cover

261 **西晋 青釉碗标本**
Western Jin dynasty
Specimen of green glaze bowl

262 西晋 青釉弦纹罐标本
Western Jin dynasty
Specimen of green glaze jar with design of strings

263 西晋 青釉印花带状网纹铺首罐标本
Western Jin dynasty
Specimen of green glaze jar with handles and stamped mesh design

264 西晋 青釉印花带状网纹碗
Western Jin dynasty
Specimens of green glaze bowl with stamped mesh design

265 **西晋 窑具标本**
Western Jin dynasty
Specimens of kiln furniture

266　西晋　窑具标本
Western Jin dynasty
Specimens of kiln furniture

越窑

越窑是浙江省四大青瓷窑之一，创烧于西晋，终于南宋，唐、五代为鼎盛时期。窑址多分布在慈溪县上林湖滨湖地带，共发现窑址二十余处，遗物极其丰富。

唐代器物胎较厚，有壶、瓶、罐、碗、盏托、杯、盘、盒、洗等，以秘色瓷质量最精。中唐以后出现划花、印花装饰，五代至宋刻划花大为盛行，人物、山水、花鸟、走兽、花卉、草虫等纹饰大量出现，鹦鹉纹、对蝶纹具有代表性，龙纹也有一定数量，是为吴越钱氏烧贡瓷的主要窑场之一。细线划花是越窑五代至北宋初常用的装饰方法之一。划花线条纤细，纹饰清晰。有龙纹、鹦鹉纹、对蝶纹、花卉纹、花鸟纹等。南宋时期烧制刻划花篦划纹青瓷及乳浊釉青瓷。

故宫博物院部分专家学者20世纪50年代、70年代、80年代调查了越窑，2008年调查了慈溪、寺龙口和开刀山窑。

慈溪窑。位于慈溪县杜湖滨湖地带，因修水库而大面积暴露的标本堆积极为丰富，壶、碗标本遍地皆是。

在宋代，越窑系瓷窑之中烧制壶的当以慈溪窑为最多，并有多种形式，肩部多有两系，系面印纹有多种花纹，壶身有刻花、划花装饰。釉色青灰，具有特殊色调。瓷质松脆易破，似与使用瓷土原料配方不当有关。

寺龙口窑。采集有青釉碗、盘、瓶标本，以碗、盘为主，装饰有划花花瓣纹、刻花篦划纹，也有常见的分格纹。窑具有各式匣钵、垫具等。

开刀山窑。采集有青釉、钧釉标本。青釉器物有瓶、碗等，碗有少量划花装饰。钧釉器物也有瓶、碗等，以瓶数量较多。窑址中还有素烧的瓶、炉标本。此外还采集到一片黑釉标本。窑具有各式匣钵，大小垫圈、垫饼以及各式支具。

Yue Kiln

As one of the four largest celadon kilns in Zhejiang Province, Yue kiln started to fire in Western Jin dynasty and ended in Southern Song dynasty. It reached its heyday in Tang dynasty and Five Dynasties. Around 20 kiln sites have been found along the lakeside of Shanglinhu Lake in Cixi County. Extremely rich relics have been excavated from those sites.

Wares of Tang dynasty, such as pots, vases, jars, bowls, saucers, cups, plates, boxes, washers, etc., are with relatively thick bodies. Secret color porcelains are the best of all. After mid-Tang dynasty, wares with incised and stamped design came into being. From Five Dynasties to Song dynasty, wares with incised design were prevalent. Principal patterns of the time are figures, landscapes, flowers and birds, animals, flowers, herbs and insects, etc. and featured by parrot and pair butterflies. There are a certain number of porcelains with incised dragon design, which are believed to be tributes to the ruler, the so called Wu Yue Qian's. In Southern Song dynasty, Yue kiln fired celadon with incised design and opaque glaze.

Experts from the Palace Museum investigated Yue kiln in the 1950s, 1970s and 1980s. In 2008, the experts investigated Cixi kiln, Silongkou kiln and Kaidaoshan kiln.

Kiln sites distribute themselves along the lakeside of Duhu Lake in Cixi County. Due to reconstruction of a reservoir, a large area of accumulation of porcelains exposed. Parts of pots and bowls are everywhere. In Song dynasty, the number of pots fired by Cixi kiln was among the most in the category of Yue kiln and in many forms. They usually have two handles with stamped flower design on their shoulders. The bodies of the pot are usually with incised or stamped design. The color of the glaze is in greyish green, a unique color belonging to Cixi kiln wares. Probably owing to inappropriate formula of raw materials, the body of Cixi kiln ware is soft and crisp.

At Silongkou site, specimens of green glaze bowls, plates and vases with incised design of flower petals and comb patterns were collected. The majority of which are bowls and plates. Many kind of kiln furniture were found.

At Kaidaoshan site, specimens of green and Jun glaze were collected. Green glaze wares found are vases, bowls, etc. Some of the bowls are with incised design. Jun glaze wares found are also vases, bowls, etc., but with vases the largest in number. Unglazed vases and burners were found. In addition, a piece of black glaze and various kiln furniture was collected at the site.

越窑遗址
Ruin of Yue kiln

越窑窑炉遗址
Ruin of Yue kiln

267　西晋　青釉印花带状网纹钵标本
Western Jin dynasty
Specimen of green glaze alms bowl with stamped mesh design

附图

西晋　青釉印花带状网纹水丞

高3.5厘米　口径3.9厘米
足径3.5厘米
故宫博物院藏

Illustration
Western Jin dynasty
Green glaze water container with stamped mesh design

Height 3.5cm, mouth diameter 3.9cm, foot diameter 3.5cm
Collected by the Palace Museum

水丞敛口，扁圆腹，圆饼状假圈足。灰白色胎，釉色青绿，施釉不及底。口沿有凹弦纹两道，上腹饰带状网纹。

268　晋　青釉模印狮形插座标本
Jin dynasty
Specimen of green glaze lion-shaped base

附图

晋　青釉模印狮形插座

高 7.8 厘米　长 11.3 厘米
宽 5.3 厘米
故宫博物院藏

Illustration
Jin dynasty
Green glaze lion-shaped base

Height 7.8cm, length 11.3cm,
width 5.3cm
Collected by the Palace Museum

插座仰首蹲伏狮形，竖耳，双目前视，张口露齿，颌下饰长须，脊背分披鬃毛，自然下垂至腹部，腹侧毛旋卷如水波。短足前曲，尾巴弯曲上拱，紧贴于臀部。背部有一浅管，可用以插物。釉色青绿，施釉不匀，底部无釉。

模仿动物是魏晋南北朝瓷器造型的一大特点。如熊形尊、羊形烛台、虎形烛台、狮形烛台、兔形水盂、蛙形水盂等。由于功能的限制，一些器形不可能全仿动物，因此，其局部或非主要功能部分做成动物形，如熏炉的顶为鸟形，灯盏的柱为熊形，瓶的流口为鸡首、羊首等。

269　晋　青釉模印虎子标本
Jin dynasty
Specimen of green glaze container for the night

270　唐　青釉八棱瓶标本
Tang dynasty
Specimen of green glaze vase with design of eight ribs

附图

唐　青釉八棱瓶

高 22.5 厘米　口径 1.7 厘米
足径 7.2 厘米
故宫博物院藏

Illustration
Tang dynasty　Green glaze vase with design of eight ribs

Height 22.5cm, mouth diameter 1.7cm, foot diameter 7.2cm
Collected by the Palace Museum

瓶呈八棱形，直口，细长颈，颈部下端饰三周凸纹，鼓腹下收，圈足。造型规整，棱角分明。胎色灰白，细腻致密。釉色青绿，釉面匀净温润，满釉支烧。

此器与唐咸通十五年（874 年）陕西扶风法门寺塔地宫出土的八棱瓶造型完全一致。据地宫石刻的《衣物帐》记录，这类瓷器被称为“瓷秘色”。秘色瓷是晚唐至宋初，上林湖越窑官监民烧的贡品，一般官宦、庶民所得则系贡余之物。

271 唐 青釉八棱瓶标本
Tang dynasty
Specimen of green glaze vase with design of eight ribs

272 唐 青釉长颈瓶标本
Tang dynasty
Specimen of green glaze long-necked vase

273　唐　青釉瓜棱罐标本

Tang dynasty

Specimen of green glaze melon-shaped jar

274　唐　青釉壶标本

Tang dynasty

Specimen of green glaze pot

275　唐　青釉壶标本
Tang dynasty
Specimen of green glaze pot

276　唐　青釉壶标本
Tang dynasty
Specimen of green glaze pot

附图

唐　青釉壶

高 14.2 厘米　口径 6.1 厘米
足径 7.4 厘米
故宫博物院藏

Illustration
Tang dynasty
Green glaze pot

Height 14.2cm, mouth diameter 6.1cm, foot diameter 7.4cm
Collected by the Palace Museum

壶撇口，短颈，溜肩，梨形腹，浅圈足，肩部两侧对称置多棱短流及曲柄。造型浑圆，敦厚质朴。灰白色胎，通体施青黄釉，釉面多开片。

277 **唐 青釉瓜棱壶标本**

Tang dynasty

Specimens of green glaze melon-shaped pot

278 唐 青釉双系瓜棱壶标本

Tang dynasty

Specimen of green glaze melon-shaped pot with two handles

附图

唐 青釉双系瓜棱壶

高 20.4 厘米 口径 5.8 厘米
足径 7.7 厘米
故宫博物院藏

Illustration
Tang dynasty
Green glaze melon-shaped pot with two handles

Height 20.4cm, mouth diameter 5.8cm, foot diameter 7.7cm
Collected by the Palace Museum

壶撇口，短颈，溜肩，梨形腹，腹部以刻线划分成瓜棱形，浅圈足，肩部两侧对称置短流及曲柄，其他两面各置一系。灰白色胎，通体施青黄釉。圈足底边无釉，呈赭红色，分布条形支钉烧痕数个。

279　**唐　青釉灯标本**
Tang dynasty
Specimen of green glaze lamp

280　**唐　青釉器盖标本**
Tang dynasty
Specimen of green glaze cover

281　**唐　青釉碗标本**

Tang dynasty

Specimen of green glaze bowl

附图

唐　青釉花式碗

高 4.5 厘米　口径 12 厘米

足径 5.3 厘米

故宫博物院藏

Illustration

Tang dynasty

Green glaze flower-shaped bowl

Height 4.5cm, mouth diameter 12cm,

foot diameter 5.3cm

Collected by the Palace Museum

碗花口外撇，斜腹，圈足。胎色灰白，胎体较薄。通体施青釉，器腹刻五条直线纹。

282 唐　青釉玉璧底碗标本

Tang dynasty

Specimen of green glaze bowl with jade Bi bottom

附图

唐　青釉玉璧底碗

高 3.5 厘米　口径 14.4 厘米

底径 6.6 厘米

故宫博物院藏

Illustration

Tang dynasty　Green glaze bowl with jade Bi bottom

Height 3.5cm, mouth diameter 14.4cm, bottom diameter 6.6cm

Collected by the Palace Museum

碗撇口，斜腹，玉璧形底。胎色灰白，通体施青釉。

玉璧形底是底足的一种式样，因平底中心处挖去一内凹小圆，形似玉璧而得名。流行于唐代中、晚期，主要见于越窑、邢窑、曲阳窑等产品。

283　唐　青釉玉璧底碗标本

Tang dynasty

Specimen of green glaze bowl with jade Bi bottom

附图

唐　青釉划花玉璧底碗

高 4.8 厘米　口径 13.7 厘米
底径 6.8 厘米
故宫博物院藏

Illustration

Tang dynasty　Green glaze bowl with jade Bi bottom and incised design

Height 4.8cm, mouth diameter 13.7cm, bottom diameter 6.8cm
Collected by the Palace Museum

碗口微撇，弧腹，玉璧形底。胎色灰白，通体施青釉。碗内刻划简单的纹饰。

284　唐　青釉玉璧底碗标本

Tang dynasty

Specimen of green glaze bowl with jade Bi bottom

285　唐　青釉花式碗标本

Tang dynasty

Specimens of green glaze flower-shaped bowl

附图

唐　青釉花式碗

高 3.6 厘米　口径 14.1 厘米
足径 6.5 厘米
故宫博物院藏

Illustration
Tang dynasty
Green glaze flower-shaped bowl

Height 3.6cm, mouth diameter 14.1cm,
foot diameter 6.5cm
Collected by the Palace Museum

碗敞口，口沿呈五瓣葵花式，斜直腹，腹壁内外随花口分别刻五条凹线，整体造型俯视似盛开的花朵。胎色灰白，细腻致密，胎体轻薄。通体施青釉，满釉支烧，芒口。

瓷器中的葵花式造型是典型的仿金银器式样，最早出现于唐代，至宋代器物品种更加丰富。

286　唐　青釉杯标本

Tang dynasty

Specimen of green glaze cup

287　唐　青釉花式杯标本

Tang dynasty

Specimen of green glaze flower-shaped cup

288 **唐　青釉海棠式杯标本**
Tang dynasty
Specimen of green glaze begonia-shaped cup

附图

唐　青釉海棠式杯

高 6.7 厘米
口径 13.4 厘米 ×8.4 厘米
足径 5.8 厘米
故宫博物院藏

Illustration
Tang dynasty
Green glaze begonia-shaped cup

Height 6.7cm, mouth size 13.4cm×8.4cm, foot diameter 5.8cm
Collected by the Palace Museum

杯通体呈椭圆形，器身多曲，高圈足外撇。胎色灰白，细腻致密，胎体轻薄。施浅青灰色釉，釉层较薄。

这种多曲长杯常被称为“海棠式杯”，但此杯造型与盛开的海棠花并不十分相似。据学者研究，多曲长杯是源自萨珊波斯的著名器形，经中亚传到中国。多曲长杯在唐代金银器中十分常见，而瓷器则是对金银器的模仿。

289 唐 青釉弦纹器盖标本
Tang dynasty Specimens of green glaze cover with design of strings

290 唐 青釉印花花式杯标本
Tang dynasty Specimen of green glaze flower-shaped cup with stamped design

291 唐

青釉印花花鸟纹花式杯标本

Tang dynasty

Specimen of green glaze flower-shaped cup with stamped flower and bird design

292 唐

青釉刻划花花卉纹盒盖标本

Tang dynasty

Specimen of green glaze box cover with incised floral design

293 唐 青釉刻划花花叶纹盒盖标本

Tang dynasty

Specimen of green glaze box cover with incised flower and leaf design

附图

唐 青釉刻划花花叶纹盒

高 3.4 厘米 口径 3.7 厘米
足径 2.8 厘米
故宫博物院藏

Illustration

Tang dynasty Green glaze box with incised flower and leaf design

Height 3.4cm, mouth diameter 3.7cm, foot diameter 2.8cm

Collected by the Palace Museum

盒圆形，子母口，圈足。胎色灰白，通体施青釉。盖上刻划简单的花叶纹，线条简单粗放。

294　**唐　青釉划花叶纹罐标本**

Tang dynasty

Specimen of green glaze jar with incised leaf design

附图

唐　青釉双系罐

高 8.6 厘米　口径 8.8 厘米
足径 6.9 厘米
故宫博物院藏

Illustration
Tang dynasty
Green glaze jar with two handles

Height 8.6cm, mouth diameter 8.8cm,
foot diameter 6.9cm
Collected by the Palace Museum

罐小撇口，短颈，腹部下折，圈足，肩部置双系。灰白色胎，施青灰色釉，圈足无釉。

295 唐　青釉划花花卉纹器盖标本

Tang dynasty

Specimen of green glaze cover with incised floral design

附图

唐　青釉盒

高 3.6 厘米　口径 5.7 厘米
底径 5.3 厘米
故宫博物院藏

Illustration
Tang dynasty
Green glaze box

Height 3.6cm, mouth diameter 5.7cm,
bottom diameter 5.3cm
Collected by the Palace Museum

盒圆形，子母口。胎色灰白。通体施青釉，釉色青绿。

瓷盒为容器，造型有圆形、方形、八方形、瓜棱形、菊瓣形、石榴形、桃形、朵花形等多种样式。按使用功能可分为油盒、粉盒、胭脂盒、镜盒、药盒、茶盒、果盒、笔盒和印泥盒等。此盒用来盛放香料等。

296 **唐**
青釉划花花卉纹杯标本
Tang dynasty
Specimen of green glaze cup with incised floral design

297 **唐**
青釉划花花卉纹花式杯标本
Tang dynasty
Specimens of green glaze flower-shaped cup with incised floral design

298　唐　青釉划花花卉纹花式杯标本

Tang dynasty

Specimens of green glaze flower-shaped cup with incised floral design

附图

唐　青釉划花花卉纹浅碗

高 3.8 厘米　口径 14 厘米
足径 6.2 厘米
故宫博物院藏

Illustration
Tang dynasty
Green glaze shallow bowl with incised flower design

Height 3.8cm, mouth diameter 14cm, foot diameter 6.2cm
Collected by the Palace Museum

碗敞口，弧腹，浅圈足。胎色灰白。通体施青釉，釉色发黄。碗内划花花卉纹。

划花是陶瓷器装饰技法之一。在半干的器物坯体表面以竹、木、铁扦等工具浅划出线状花纹，然后施釉或直接入窑焙烧。划花出现的时间早，应用广泛。越窑唐代器物多光素，少量采用划花装饰，划花线条较粗，是唐代越窑的装饰特点。

299 唐 青釉划花花卉纹花式杯标本

Tang dynasty

Specimen of green glaze flower-shaped cup with incised floral design

300　五代　青釉盒标本
Five Dynasties
Specimens of green glaze box

附图

五代　青釉弦纹盒

高 3.9 厘米　口径 11.1 厘米
底径 7 厘米
故宫博物院藏

Illustration
Five Dynasties　Green glaze box with design of strings

Height 3.9cm, mouth diameter 11.1cm, bottom diameter 7cm
Collected by the Palace Museum

盒圆形，子母口，平底。胎色灰白。通体施青釉，盖上刻三周弦纹。

301　五代　青釉花式套盒标本

Five Dynasties

Specimen of green glaze flower-shaped overlapping box

302　五代　青釉花式碗标本

Five Dynasties

Specimen of green glaze flower-shaped bowl

附图

五代　青釉花式碗

高 4.9 厘米　口径 9.9 厘米
足径 5 厘米
故宫博物院藏

Illustration
Five Dynasties
Green glaze flower-shaped bowl

Height 4.9cm, mouth diameter 9.9cm,
foot diameter 5cm
Collected by the Palace Museum

碗敞口，呈五瓣花形，深弧腹，腹壁随花口刻五条凹线，圈足。胎色灰白，细腻致密，胎体轻薄。通体施青灰色釉，釉面匀净，满釉支烧。

唐代越窑器物造型变化颇多，或仿花形，或做出波折、棱角，匠心独具，与同期的金银器造型十分相似。

303 **五代　青釉弦纹盒标本**
Five Dynasties
Specimens of green glaze box with design of strings

304 **五代　青釉印花花式套盒标本**
Five Dynasties
Specimen of green glaze flower-shaped overlapping box with stamped design

305 **五代　青釉印花花卉纹碗标本**
Five Dynasties
Specimen of green glaze bowl with stamped floral design

306 五代 青釉印花花卉纹花式碗标本
Five Dynasties
Specimen of green glaze flower-shaped bowl with stamped floral design

307 五代 青釉刻花莲瓣纹碗标本
Five Dynasties
Specimen of green glaze bowl with incised lotus-petal design

308 五代 青釉刻花莲瓣纹碗标本
Five Dynasties
Specimen of green glaze bowl with incised lotus-petal design

309 五代 青釉划花花式套盒标本
Five Dynasties
Specimen of green glaze flower-shaped overlapping box with incised design

310　**北宋　青釉刻“太平戊寅”铭碗标本**

Northern Song dynasty

Specimens of green glaze bowl with inscription of Chinese characters Tai Ping Wu Yin

311 **北宋　青釉刻"太平戊寅"铭碗标本**

Northern Song dynasty

Specimens of green glaze bowl with inscription of Chinese characters Tai Ping Wu Yin

312 **北宋　青釉刻"太宣（平）戊寅"铭碗标本**

Northern Song dynasty

Specimen of green glaze bowl with inscription of Chinese characters Tai Xuan (Ping) Wu Yin

313 **北宋**

青釉刻"端拱元年"铭碗标本

Northern Song dynasty

Specimen of green glaze bowl with inscription of Chinese characters Duan Gong Yuan Nian

314　北宋　青釉刻“大”字碗标本

Northern Song dynasty

Specimens of green glaze bowl with inscription of Chinese character Da

315　**北宋**

青釉刻“供”字碗标本

Northern Song dynasty

Specimen of green glaze bowl with inscription of Chinese character Gong

316　**北宋**

青釉刻“计”字碗标本

Northern Song dynasty

Specimen of green glaze bowl with inscription of Chinese character Ji

317 **北宋**
青釉刻“吉”字碗标本
Northern Song dynasty
Specimen of green glaze bowl with inscription of Chinese character Ji

318 **北宋**
青釉刻“全”字碗标本
Northern Song dynasty
Specimen of green glaze bowl with inscription of Chinese character Quan

319　北宋　青釉划花鹦鹉纹刻“辛”字碗标本

Northern Song dynasty

Specimen of green glaze bowl with incised parrot design and inscription of Chinese character Xin

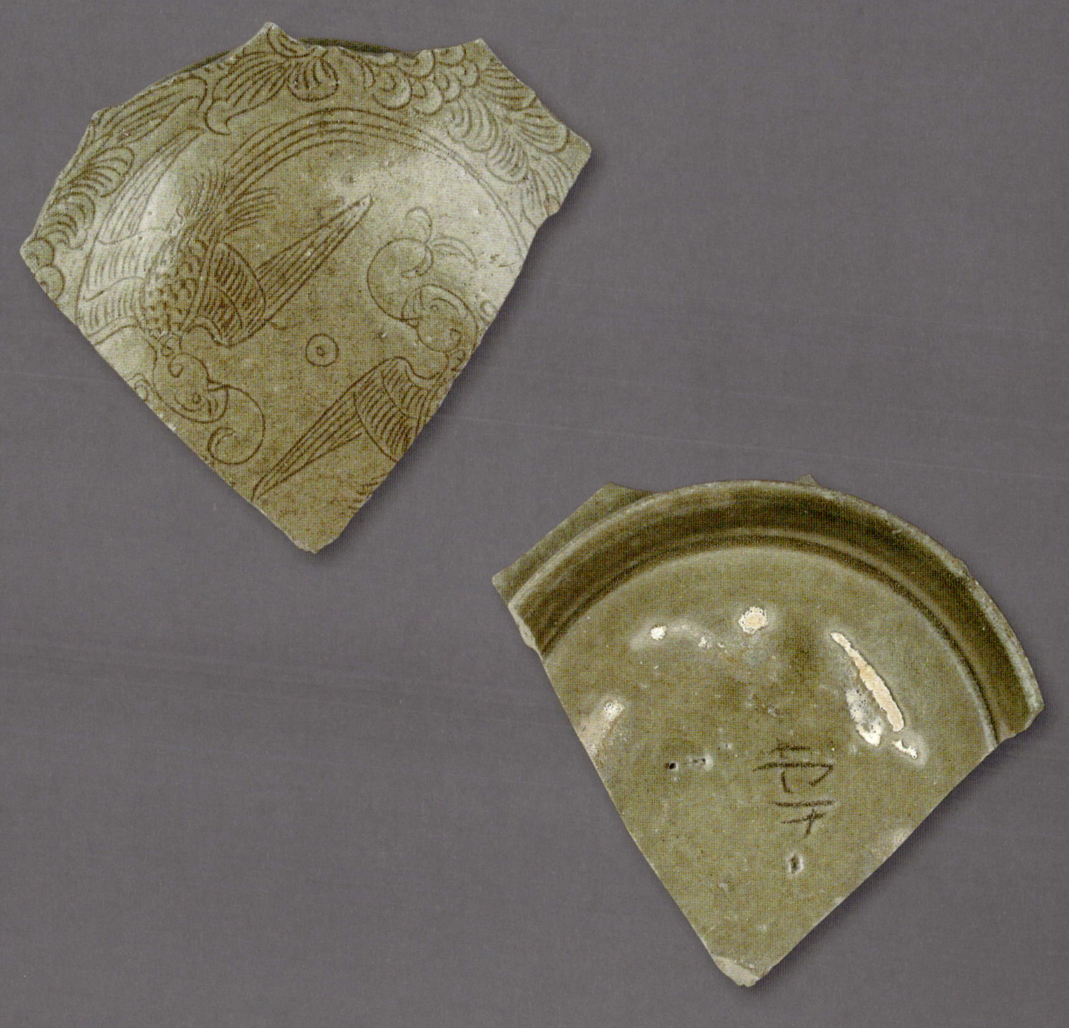

320 **北宋　青釉划花荷叶龟纹刻“太平戊寅”铭碗标本**
Northern Song dynasty　Specimen of green glaze bowl with incised lotus-leaf and tortoise design and inscription of Chinese characters Tai Ping Wu Yin

321 **宋　青釉罐标本**
Song dynasty
Specimen of green glaze jar

322　宋　青釉双系罐（壶）标本
Song dynasty
Specimen of green glaze jar (pot) with two handles

323　宋　青釉盒标本
Song dynasty
Specimen of green glaze box

324　宋　青釉盒标本

Song dynasty

Specimen of green glaze box

325　宋

青釉刻“上”字碗标本

Song dynasty

Specimen of green glaze bowl with inscription of Chinese character Shang

326 **宋　青釉盏托标本**

Song dynasty

Specimen of green glaze saucer

327 **宋　青釉盏托标本**
Song dynasty
Specimen of green glaze saucer

328 **宋　青釉花式盏托标本**
Song dynasty
Specimen of green glaze flower-shaped saucer

329 **宋　青釉盘标本**
Song dynasty
Specimen of green glaze plate

330　宋　青釉花口盘标本

Song dynasty

Specimen of green glaze plate with flower rim

附图

宋　青釉刻花花卉纹菱花口盘

高2.1厘米　口径17厘米

底径5厘米

故宫博物院藏

Illustration

Song dynasty

Green glaze plate with rim in shape of water chestnut flower and incised flower design

Height 2.1cm, mouth diameter 17cm, bottom diameter 5cm

Collected by the Palace Museum

盘菱花口，平底。胎色灰白。通体施青釉，盘内刻花卉纹。

菱花口是陶瓷碗、盘花口的一种，口边每组花瓣为中央尖两侧圆弧的对称形，使整个器物口沿的线条富于变化。菱花口出现于唐代，模仿当时流行的金银器造型，明、清时期较为流行。

331　宋

青釉刻“六月八日造此”铭盘标本

Song dynasty

Specimen of green glaze plate with inscription of Chinese characters Liu Yue Ba Ri Zao Ci

332　宋

青釉印花花卉纹盒标本

Song dynasty

Specimen of green glaze box with stamped floral design

333 **宋　青釉印花龙纹盘标本**

Song dynasty

Specimen of green glaze plate with stamped dragon design

334　宋　青釉里印花莲子纹外刻花莲瓣纹碗标本

Song dynasty

Specimens of green glaze bowl with stamped lotus-seed design inside and incised lotus-petal outside

335　宋

青釉印划花花鸟纹盒标本

Song dynasty

Specimen of green glaze box with stamped and incised flower and bird design

336　宋

青釉印划花花卉纹盘标本

Song dynasty

Specimen of green glaze plate with stamped and incised floral design

337　宋　青釉刻花莲瓣纹碗标本
Song dynasty　Specimen of green glaze bowl with incised lotus-petal design

338　宋　青釉刻花花卉纹盘标本
Song dynasty　Specimen of green glaze plate with incised flower design

339　宋　青釉刻划花瓜棱壶标本
Song dynasty
Specimen of green glaze melon-shaped pot with incised design

附图

宋　青釉刻划花花卉纹钵

高7.2厘米 口径5.3厘米 足径5.6厘米
故宫博物院藏

Illustration
Song dynasty
Green glaze alms bowl with incised flower design

Height 7.2cm, mouth diameter 5.3cm, foot diameter 5.6cm
Collected by the Palace Museum

钵造型小巧，敛口，圆肩圆腹，圈足。近口处有二道弦纹，腹部双线划圆形开光四组，开光内分别划刻花卉纹。

细线划花为五代越窑器物流行的装饰，精者划花线条纤细，如鹦鹉纹、对蝶纹，此为一般产品，划花线条稍粗犷。

340 宋

青釉刻划花瓜棱壶标本

Song dynasty

Specimens of green glaze melon-shaped pot with incised design

341 宋 青釉刻划花花卉纹盒标本
Song dynasty
Specimen of green glaze box with incised floral design

342 宋 青釉刻划花花卉纹菊瓣式盏托标本
Song dynasty
Specimen of green glaze chrysanthemum -petal-shaped saucer with incised floral design

343 宋 青釉刻划花莲瓣纹盏托标本
Song dynasty
Specimen of green glaze saucer with incised lotus-petal design

344 **宋　青釉刻划花花卉纹盘标本**
Song dynasty
Specimen of green glaze plate with incised flower design

345 **宋　青釉刻划花花瓣纹盘标本**
Song dynasty
Specimen of green glaze plate with incised flower-petal design

346 **宋　青釉划花花卉纹盒标本**
Song dynasty
Specimen of green glaze box with incised flower design

347　**宋　青釉划花花卉纹碗标本**
Song dynasty
Specimen of green glaze bowl with incised floral design

348　**宋　青釉划花花卉纹碗标本**
Song dynasty
Specimen of green glaze bowl with incised floral design

349　宋　青釉划花四瓣花纹碗标本
Song dynasty
Specimen of green glaze bowl with incised design of four-petaled flower pattern

350　宋　青釉划花四瓣花纹碗标本
Song dynasty　Specimen of green glaze bowl with incised design of four-petaled flower pattern

351　宋　青釉划花莲瓣纹碗标本
Song dynasty　Specimen of green glaze bowl with incised lotus-petal design

352 宋 青釉划花荷叶纹碗标本
Song dynasty Specimen of green glaze bowl with incised lotus-leaf design

353 宋 青釉划花卷枝纹碗标本
Song dynasty Specimen of green glaze bowl with incised design of branch scrolls

354 宋 青釉划花凤纹碗标本
Song dynasty
Specimen of green glaze bowl with incised phoenix design

355 宋　青釉划花花鸟纹碗标本

Song dynasty

Specimen of green glaze bowl with incised flower and bird design

356 宋 青釉划花花鸟纹碗标本
Song dynasty Specimen of green glaze bowl with incised flower and bird design

357 宋 青釉划花对蝶纹碗标本
Song dynasty Specimen of green glaze bowl with incised design of pair butterflies

358 宋 青釉划花盏托标本
Song dynasty
Specimens of green glaze saucer with incised design

359 宋 青釉划花花卉纹盘标本

Song dynasty

Specimens of green glaze plate with incised floral design

360　宋　青釉划花龙纹盘标本
Song dynasty
Specimen of green glaze plate with incised dragon design

361　宋　青釉划花凤纹盘标本
Song dynasty
Specimen of green glaze plate with incised phoenix design

362 **宋 青釉划花凤纹盘标本**

Song dynasty

Specimens of green glaze plate with incised phoenix design

363 宋 青釉划花凤纹盘标本
Song dynasty Specimen of green glaze plate with incised phoenix design

364 宋 青釉划花鹦鹉纹盘标本
Song dynasty Specimens of green glaze plate with incised parrot design

365 **宋　青釉划花鹦鹉纹盘标本**

Song dynasty

Specimen of green glaze plate with incised parrot design

366 宋 青釉划花花鸟纹盘标本

Song dynasty Specimen of green glaze plate with incised flower and bird design

367 宋 青釉划花对蝶纹盘标本

Song dynasty Specimens of green glaze plate with incised design of pair butterflies

368　宋　青釉划花对蝶纹刻“太平戊寅”铭盘标本

Song dynasty

Specimen of green glaze plate with incised design of pair butterflies and inscription of Chinese Characters Tai Ping Wu Yin

369　宋　青釉里划花鹦鹉纹外刻花莲瓣纹“辛”字碗标本

Song dynasty

Specimen of green glaze bowl with incised parrot design inside and lotus-petal design outside and inscription of Chinese character Xin

370 宋 青釉贴划花山水人物纹壶标本
Song dynasty
Specimens of green glaze pot with applied design of landscape and figure

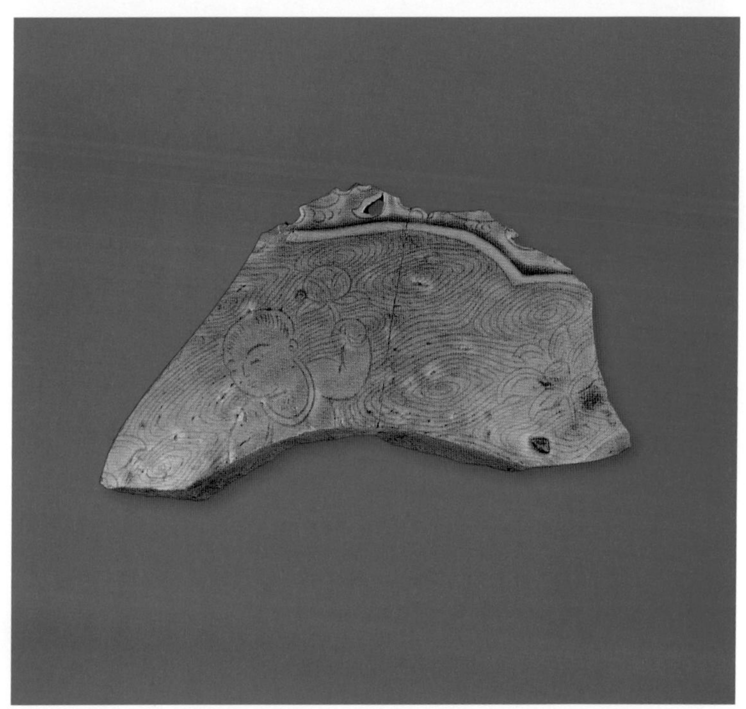

371 宋
青釉划花婴戏纹镂空枕标本
Song dynasty
Specimen of green glaze pillow in openwork with incised design of children at play

372　宋　青釉镂空花卉纹香熏标本
Song dynasty
Specimen of green glaze incense burner with design of flora in openwork

373 **宋 青釉镂空花卉纹套盒标本**

Song dynasty

Specimens of green glaze overlapping box with design of flora in openwork

374 **宋**

青釉镂空花卉纹器盖标本

Song dynasty

Specimen of green glaze cover with design of flora in openwork

375　宋　窑具标本
Song dynasty
Specimen of kiln furniture

376　宋　刻字窑具标本
Song dynasty
Specimens of kiln furniture with incised Chinese character

377　宋　刻字窑具标本

Song dynasty

Specimens of kiln furniture with incised Chinese character

378　**唐　青釉双系罐标本**

Tang dynasty

Specimen of green glaze jar with two handles

附图

唐　青釉双系罐

高10.7厘米　口径9.5厘米
底径5.8厘米
临安县唐天复元年水邱氏墓出土

Illustration
Tang dynasty
Green glaze jar with two handles

Height 10.7cm, mouth diameter 9.5cm, bottom diameter 5.8cm
Unearthed from Shuiqiushi's tomb of Tang dynasty in Lin'an County

罐侈口，短颈，直筒形腹，下腹斜内收，平底。口沿置对称双环形系。胎色灰白，施青黄色釉。

379　**唐　青釉双系罐标本**
Tang dynasty
Specimen of green glaze jar with two handles

380　**唐　青釉玉璧底碗标本**
Tang dynasty
Specimen of green glaze bowl with jade Bi bottom

381 **唐 青釉花式碗标本**

Tang dynasty

Specimens of green glaze flower-shaped bowl

382　唐至五代　青釉壶标本
From Tang to Five Dynasties
Specimen of green glaze pot

附图

唐至五代　青釉双系瓜棱壶

高 23.4 厘米　口径 12.5 厘米
足径 9.1 厘米
故宫博物院藏

Illustration
From Tang to Five Dynasties
Green glaze melon-shaped pot with two handles

Height 23.4cm, mouth diameter 12.5cm, foot diameter 9.1cm
Collected by the Palace Museum

壶撇口，短颈，溜肩，鼓腹，腹部以刻线划分成瓜棱形，浅圈足。肩部两侧对称置短流及曲柄，其他两面各置一系。灰白色胎，施青灰色釉，釉面莹润。底无釉，内有一周垫圈支烧痕迹。

383 宋 青釉壶标本

Song dynasty

Specimens of green glaze pot

384 宋 青釉壶标本

Song dynasty

Specimen of green glaze pot

385 宋 青釉瓜棱壶标本
Song dynasty
Specimens of green glaze melon-shaped pot

386 宋 青釉双系瓜棱壶标本

Song dynasty

Specimens of green glaze melon-shaped pot with two handles

387　**宋　青釉双系瓜棱壶标本**

Song dynasty

Specimens of green glaze melon-shaped pot with two handles

388 **宋　青釉双系瓜棱壶标本**
Song dynasty
Specimen of green glaze melon-shaped pot with two handles

389 **宋　青釉双系瓜棱壶标本**
Song dynasty
Specimen of green glaze melon-shaped pot with two handles

390　**宋　青釉刻“上”字碗标本**
Song dynasty
Specimen of green glaze bowl with inscription of Chinese character Shang

391　**宋　青釉刻花瓜棱壶标本**
Song dynasty
Specimen of green glaze melon-shaped pot with incised design

392 宋 青釉刻花莲瓣纹炉标本
Song dynasty
Specimens of green glaze burner with incised lotus-petal design

393 宋 青釉刻花花卉纹盘标本
Song dynasty
Specimen of green glaze plate with incised floral design

394　**宋　青釉刻花花卉纹盘标本**

Song dynasty

Specimens of green glaze plate with incised floral design

395 **宋 青釉刻花花卉纹盘标本**

Song dynasty

Specimen of green glaze plate with incised floral design

396 **宋 青釉刻划花花卉纹瓜棱壶标本**

Song dynasty

Specimen of green glaze melon-shaped pot with incised floral design

397 **宋 青釉刻划花双系瓜棱壶标本**

Song dynasty

Specimen of green glaze melon-shaped pot with incised design and two handles

398　宋　青釉划花花卉纹瓜棱壶标本

Song dynasty

Specimens of green glaze melon-shaped pot with incised floral design

399　宋　青釉划花荷叶纹盘标本

Song dynasty

Specimen of green glaze plate with incised lotus-leaf design

越窑（寺龙口）窑遗址保护碑

Monument for protecting the ruin of Yue kiln at Silongkou

400　**南宋　青釉刻划花篦划花卉纹壶标本**
Southern Song dynasty
Specimen of green glaze pot with comb-incised floral design

401　**南宋　青釉刻划花篦划花卉纹器盖标本**
Southern Song dynasty
Specimen of green glaze cover with comb-incised floral design

402　**南宋　青釉刻划花篦划花卉纹枕标本**
Southern Song dynasty
Specimen of green glaze pillow with comb-incised floral design

403　**南宋　青釉刻划花篦划花卉纹碗标本**
Southern Song dynasty
Specimen of green glaze bowl with comb-incised floral design

越窑（开刀山）窑遗址保护碑
Monument for protecting the ruin of Yue kiln at Kaidaoshan

越窑（开刀山）窑遗址瓷片遗存
Pileup of porcelain parts at the ruin of Yue kiln at Kaidaoshan

404　南宋　青釉瓶标本
Southern Song dynasty
Specimen of green glaze vase

405　南宋　青釉瓶标本
Southern Song dynasty
Specimen of green glaze vase

406　南宋　青釉瓶标本

Southern Song dynasty

Specimens of green glaze vase

407　**南宋　青釉壶标本**
Southern Song dynasty
Specimen of green glaze pot

408　**南宋　青釉三足炉标本**
Southern Song dynasty
Specimens of green glaze burner with three legs

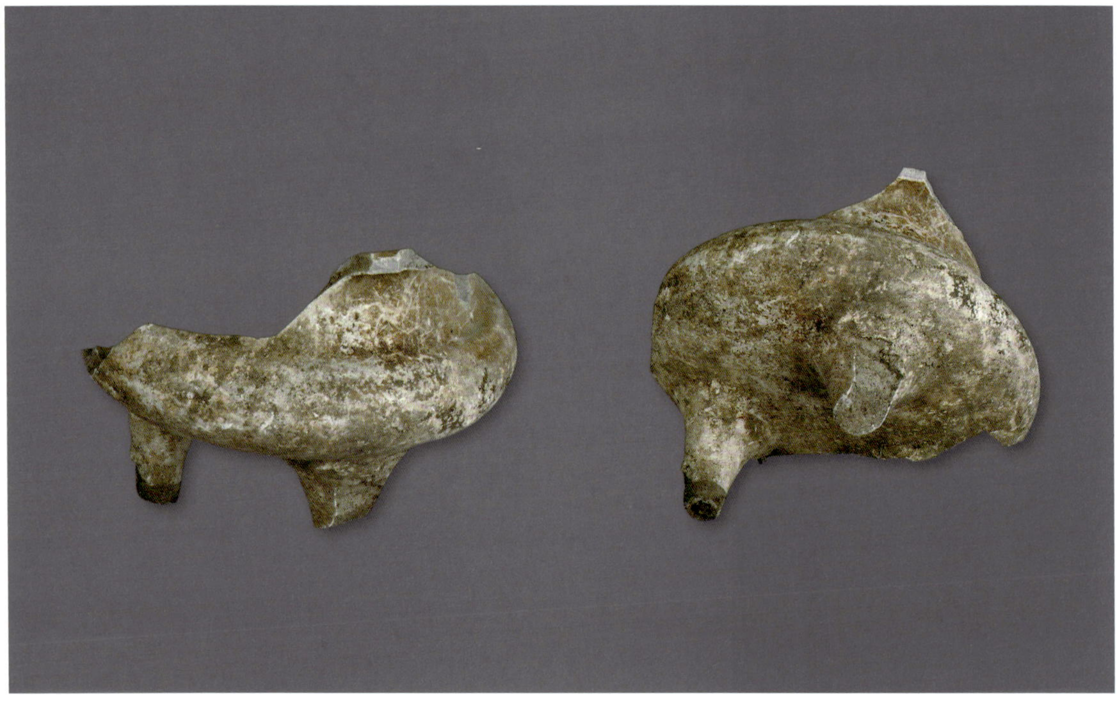

409　南宋　青釉碗标本
Southern Song dynasty
Specimens of green glaze bowl

410　**南宋　青釉碗标本**

Southern Song dynasty

Specimens of green glaze bowl

411　南宋　青釉碗标本

Southern Song dynasty

Specimens of green glaze bowl

412 南宋 青釉碗标本

Southern Song dynasty

Specimens of green glaze bowl

413　南宋　青釉碗标本
Southern Song dynasty
Specimens of green glaze bowl

414　**南宋　青釉碗标本**

Southern Song dynasty

Specimens of green glaze bowl

415　南宋　青釉碗标本
Southern Song dynasty
Specimen of green glaze bowl

416　南宋　青釉花式碗标本
Southern Song dynasty
Specimen of green glaze flower-shaped bowl

417　**南宋　青釉花式碗标本**

Southern Song dynasty

Specimens of green glaze flower-shaped bowl

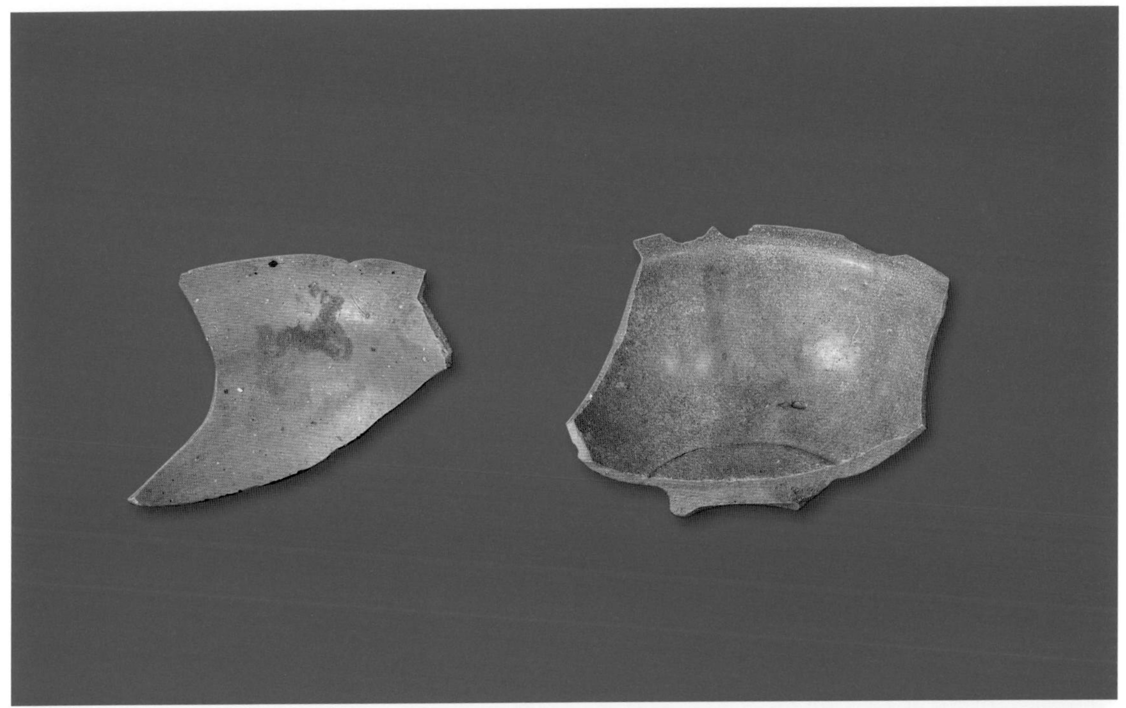

418　**南宋　青釉刻线纹碗标本**
Southern Song dynasty
Specimen of green glaze bowl with incised line design

419　**南宋　青釉刻划花篦划花卉纹碗标本**
Southern Song dynasty
Specimen of green glaze bowl with comb-incised flower design

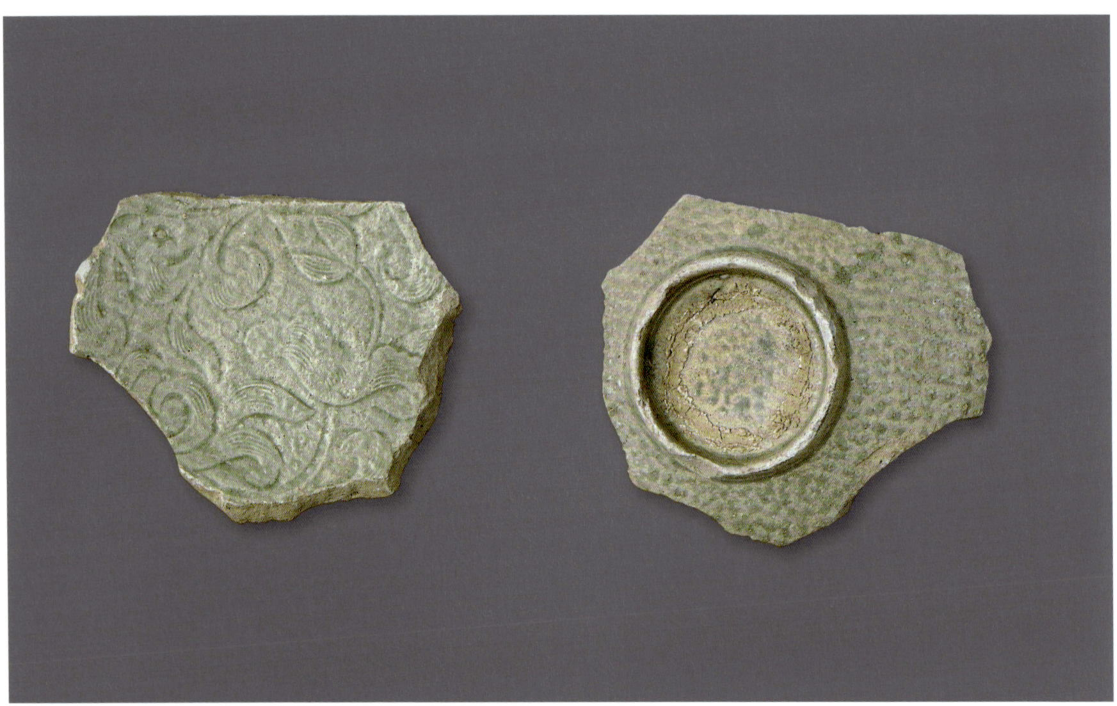

420 **南宋 青釉划花碗标本**
Southern Song dynasty
Specimen of green glaze bowl with incised design

421 **南宋 青釉划花四瓣花纹碗标本**
Southern Song dynasty
Specimen of green glaze bowl with incised design of four-petaled flower pattern

422　南宋　青釉划花篦划花卉纹碗标本

Southern Song dynasty

Specimen of green glaze bowl with comb-incised flower design

423 **南宋　青釉划花篦划花卉纹碗标本**

Southern Song dynasty

Specimen of green glaze bowl with comb-incised flower design

424 **南宋　青釉里划花篦划花卉纹外划花莲瓣纹碗标本**

Southern Song dynasty

Specimens of green glaze bowl with comb-incised flower design inside and incised lotus-petal design outside

425 南宋 窑具标本
Southern Song dynasty
Specimens of kiln furniture

426 **南宋 窑具标本**
Southern Song dynasty
Specimens of kiln furniture

427 **南宋 窑具标本**
Southern Song dynasty
Specimens of kiln furniture

宁波窑

窑址在浙江省宁波市，1979 年、2009 年故宫博物院部分专家学者对此窑进行了调查。

宁波窑属东汉至宋代瓷窑。东汉后期烧制青釉、黑釉器物，有类似上虞小仙坛窑风格的青瓷、黑瓷，有的饰几何印纹装饰。东晋南朝烧制青釉、青釉点彩、青釉莲瓣纹器物及少量酱褐釉器物。唐代烧制青釉玉璧底碗、灯等器物，装饰有印花、褐斑、堆塑等。宋代烧制越窑风格的执壶，有的带瓜棱装饰。

Ningbo Kiln

Ningbo kiln, a porcelain kiln dated back to Eastern Han dynasty to Tang dynasty, is located in Ningbo City, Zhejiang Province. In late Eastern Han dynasty, the kiln fired green and black glaze wares, very much similar to the style of Shangyu kiln at Xiaoxiantan. Some of the wares are decorated with stamped geometric patterns. In Eastern Jin and Southern Dynasties, it fired green glaze, green glaze with colored splashes, green glaze with lotus-petal design and a small number of dark brown glaze wares as well. In Tang dynasty, it fired green glaze bowls with jade-Bi-shaped bottoms, lamps, etc. They are usually decorated with stamped patterns, brown spots, models and so on. In Song dynasty, it fired Yue kiln style ewer with handle at the side. Some of the ewers are with decorative ribs.

428 **汉　青釉三足砚标本**
Han dynasty
Specimen of green glaze ink stone with three-legged design

429 **汉　青釉印花几何纹罐标本**
Han dynasty
Specimens of green glaze jar with stamped design of geometric patterns

430 **汉　青釉印花几何纹罐标本**
Han dynasty
Specimen of green glaze jar with stamped design of geometric patterns

431 **汉　青釉印花几何纹刻字罐标本**
Han dynasty
Specimen of green glaze jar with stamped design of geometric patterns and incised Chinese character

432 **汉　青釉划花水波纹罐标本**
Han dynasty
Specimen of green glaze jar with incised wave design

433 汉 青釉划花水波纹壶标本
Han dynasty
Specimen of green glaze pot with incised wave design

434 汉 青釉划花水波纹双系壶标本
Han dynasty
Specimen of green glaze pot with two handles and incised wave design

435 汉 黑釉弦纹洗标本
Han dynasty
Specimen of black glaze washer with design of strings

436　汉　黑釉印花几何纹罐标本
Han dynasty
Specimen of black glaze jar with stamped design of geometric patterns

437　汉　黑釉划花水波纹罐标本
Han dynasty
Specimen of black glaze jar with incised wave design

438 **汉**

黑釉划花水波纹双系罐标本

Han dynasty

Specimen of black glaze jar with two handles and incised wave design

439 **汉**

黑釉划花水波纹双系罐标本

Han dynasty

Specimen of black glaze jar with two handles and incised wave design

440 唐 青釉灯标本
Tang dynasty
Specimens of green glaze lamp

441 唐 青釉刻“何久太”铭灯标本
Tang dynasty
Specimen of green glaze lamp with inscription of Chinese characters He Jiu Tai

442　**唐　青釉盒标本**
Tang dynasty
Specimen of green glaze box

443　**唐　青釉器盖标本**
Tang dynasty
Specimen of green glaze cover

444　**唐　青釉褐斑碗标本**
Tang dynasty
Specimen of green glaze bowl with brown speckles

445 **宋　青釉壶标本**
Song dynasty
Specimens of green glaze pot

446 **宋　青釉瓜棱壶标本**
Song dynasty
Specimen of green glaze melon-shaped pot

447 **宋　青釉双系壶标本**
Song dynasty
Specimens of green glaze pot with two handles

448 **宋　青釉碗标本**
Song dynasty
Specimen of green glaze bowl

449 宋 青釉碗标本
Song dynasty
Specimen of green glaze bowl

450 宋 青釉花式碗标本
Song dynasty
Specimen of green glaze flower-shaped bowl

451　宋　青釉刻“太平戊寅”铭碗标本
Song dynasty
Specimen of green glaze bowl with inscription of Chinese characters Tai Ping Wu Yin

452　宋　青釉刻花莲瓣纹碗标本
Song dynasty
Specimen of green glaze bowl with incised lotus-petal design

453　宋　青釉刻花花卉纹盘标本
Song dynasty
Specimen of green glaze plate with incised floral design

454 **宋　青釉刻划花花叶纹罐标本**

Song dynasty

Specimens of green glaze jar with incised flower and leaf design

455 **宋　青釉刻划花瓜棱壶标本**
Song dynasty　Specimen of green glaze melon-shaped pot with incised design

456 **宋　青釉划花瓜棱壶标本**
Song dynasty　Specimen of green glaze melon-shaped pot with incised design

457 **宋　青釉划花荷叶纹碗标本**
Song dynasty
Specimens of green glaze bowl with incised lotus-leaf design

458 **宋 青釉划花花叶纹花式碗标本**

Song dynasty

Specimen of green glaze flower-shaped bowl with incised flower and leaf design

459 **宋 青釉窑变壶（罐）标本**

Song dynasty

Specimen of green glaze pot (jar) of furnace transmutation

460　宋　窑具标本

Song dynasty

Specimens of kiln furniture

鄞县窑

窑址在浙江省鄞县。故宫博物院部分专家学者 20 世纪 80 年代、2009 年调查了花园山、东吴窑址，该县还发现有小白市、沙叶河头、郭家峙等处窑址。

这些窑中以小白市窑烧瓷最早，遗物以碗为主，从碗形看，具有南朝时期的特征。

沙叶河头、郭家峙与花园山窑都是五代到北宋时期瓷窑，郭家峙窑瓷质、釉色、纹饰均较窑寺前窑产品为精，标本中划花鹦鹉纹及刻花莲瓣纹很多。造型、纹饰及支烧方法与越窑极其近似，也属越窑体系，是继窑寺前窑之后的又一重要发现，使我们得知吴越进贡中原的瓷器，其中一部分也仰给于此。

Yinxian Kiln

Yinxian kiln is located in Yinxian County, Zhejiang Province. Experts from the Palace Museum investigated kiln sites at Huayuanshan and Dongwu in the 1980s and in 2009. There are other kiln sites found at Xiaobaishi, Shayehetou, Guojiazhi, etc. in the county.

Among the kiln sites found, Xiaobaishi is the earliest kiln in operation. Relics found are mainly bowls, only a few other types of porcelains were found. In term of the shaping of the bowls, they have a characteristic of Southern Dynasties.

Kilns at Shayehetou, Guojiazhi and Huayuanshan are all porcelain kilns dated back to Five Dynasties to Northern Song dynasty. The quality of Guojiazhi kiln produce is better than that of Yaosiqian kiln of Yue kiln category in term of body texture, glaze and decoration. A great many of the specimens collected are with incised design of parrot or lotus-petal. As far as shaping, decoration and firing technique be concerned, Yinxian kiln is extremely similar to Yue kiln. It certainly belongs to Yue kiln category. The finding of Yinxian kiln is another important discovery after Yaosiqian kiln. So that we know some of the tribute celadon from the southeast to the ruler in central China are from Yinxian kiln.

461 **五代 青釉钵标本**
Five Dynasties
Specimen of green glaze alms bowl

附图

五代 青釉钵

高 9.5 厘米 口径 18 厘米
足径 11 厘米
故宫博物院藏

Illustration
Five Dynasties
Green glaze alms bowl

Height 9.5cm, mouth diameter 18cm,
foot diameter 11cm
Collected by the Palace Museum

钵敛口，卷唇，鼓腹，腹壁下斜收，圈足。胎色灰白，质地细腻。釉色青灰，施釉不均，器壁留有明显的轮制痕迹。

462　宋　青釉壶标本

Song dynasty

Specimens of green glaze pot

463 **宋　青釉瓜棱壶标本**
Song dynasty
Specimen of green glaze melon-shaped pot

464 **宋　青釉盒标本**
Song dynasty
Specimen of green glaze box

465 **宋 青釉碗标本**
Song dynasty
Specimen of green glaze bowl

466 **宋 青釉凸线纹洗口瓶标本**
Song dynasty
Specimen of green glaze vase with lout-turned mouth and design of strings in relief

467　宋　青釉刻花莲瓣纹瓶标本
Song dynasty
Specimen of green glaze vase with incised lotus-petal design

468　宋　青釉刻花莲瓣纹壶标本
Song dynasty
Specimen of green glaze pot with incised lotus-petal design

469　宋　青釉刻花卷枝纹盒标本
Song dynasty
Specimen of green glaze box with incised design of branch scrolls

470 **宋　青釉刻花团花纹碗标本**
Song dynasty
Specimen of green glaze bowl with incised medallion design

471 **宋　青釉刻花莲瓣纹碗标本**
Song dynasty
Specimen of green glaze bowl with incised lotus-petal design

472 **宋　青釉刻花莲瓣纹钵标本**
Song dynasty
Specimen of green glaze alms bowl with incised lotus-petal design

473　宋　青釉刻花盏托标本
Song dynasty
Specimen of green glaze saucer with incised design

474　宋
青釉刻花花卉纹盘标本
Song dynasty
Specimens of green glaze plate with incised floral design

475 **宋 青釉刻花花卉纹盘标本**

Song dynasty

Specimens of green glaze plate with incised floral design

476 宋 青釉刻花花卉纹盘标本

Song dynasty

Specimens of green glaze plate with incised floral design

477 宋

青釉刻划花莲瓣纹瓜棱壶标本

Song dynasty

Specimen of green glaze melon-shaped pot with incised louts-petal design

478 宋 青釉刻划花花卉纹盒标本

Song dynasty

Specimen of green glaze box with incised floral design

479 宋

青釉刻划花莲瓣纹碗标本

Song dynasty

Specimen of green glaze bowl with incised lotus-petal design

480 宋

青釉刻划花莲瓣纹钵标本

Song dynasty

Specimen of green glaze alms bowl with incised lotus-petal design

481 **宋　青釉刻划花花卉纹盘标本**

Song dynasty

Specimens of green glaze plate with incised floral design

482 宋

青釉划花花卉纹壶（罐）标本

Song dynasty

Specimen of green glaze pot (jar) with incised floral design

483 宋

青釉划花花叶纹盒标本

Song dynasty

Specimen of green glaze box with incised flower and leaf design

484 **宋　青釉划花花卉纹碗标本**
Song dynasty
Specimen of green glaze bowl with incised flower design

485 **宋　青釉划花花卉纹碗标本**
Song dynasty
Specimen of green glaze bowl with incised floral design

486 **宋　青釉划花四瓣花纹碗标本**
Song dynasty
Specimen of green glaze bowl with incised design of four-petaled flower pattern

487 **宋　青釉划花荷叶纹碗标本**
Song dynasty
Specimen of green glaze bowl with incised lotus-leaf design

488 宋 青釉划花鹦鹉纹碗标本
Song dynasty Specimens of green glaze bowl with incised parrot design

489 宋 青釉划花对蝶纹碗标本
Song dynasty Specimen of green glaze bowl with incised design of pair butterflies

490　**宋　青釉划花水波纹碗标本**
Song dynasty
Specimen of green glaze bowl with incised wave design

491　**宋　青釉划花水波纹碗标本**
Song dynasty
Specimen of green glaze bowl with incised wave design

492　宋　青釉划花卷枝纹盏托标本
Song dynasty
Specimens of green glaze saucer with incised design of branch scrolls

493　宋　青釉划花花卉纹盘标本
Song dynasty
Specimen of green glaze plate with incised floral design

494 宋 青釉刻线开光贴花兽纹炉标本

Song dynasty

Specimens of green glaze burner with incised line and applied animal mask design

奉化窑

因窑址位于白杜村范围，又名“白杜窑”。2009 年故宫博物院部分专家学者调查了此窑。

奉化窑是一处五代至北宋时期的瓷窑。周围有龙头山、黄麻山嘴等六条窑。所烧器物以碗为主，兼有少量盘、瓶、盒、壶、碟等。装饰划花篦划纹、放射状花纹、S 形纹饰等。有花式碗，外刻凹线。釉色深绿，双复线分格、划花篦划纹都与永康窑器物风格接近。窑具为喇叭形垫具、矮垫圈、厚垫饼以及 M 形匣钵。

Fenghua Kiln

Fenghua kiln, also known as Baidu kiln, is located at Baidu Village. Experts from the Palace Museum investigated the kiln in 2009.

It is a porcelain kiln of Five Dynasties to Northern Song dynasty. In the area, there are six kiln sites, namely Longtoushan, Huangmashanzui, etc. Porcelains fired by the kiln are predominantly bowls, and a small number of plates, vases, boxes, pots, saucers and so on. Wares are decorated with incised comb patterns, radial patterns and S-shaped patterns. There is a flower-shaped bowl with engraved lines outside. In term of glaze color, sub-grid via double lines and decoration with incised comb patterns, wares of Fenghua kiln are close to that of Yongkang kiln. Kiln furniture includes speaker-shaped supporting tools, supporting rings, thick pads and M-shaped saggars.

奉化窑遗址
Ruin of Fenghua kiln

奉化窑遗址瓷片遗存
Pileup of porcelain parts at the ruin of Fenghua kiln

495　宋　青釉瓶标本
Song dynasty
Specimens of green glaze vase

496 **宋 青釉瓶标本**

Song dynasty

Specimens of green glaze vase

497　宋　青釉壶标本

Song dynasty

Specimens of green glaze pot

498　宋　青釉瓜棱壶标本
Song dynasty
Specimen of green glaze melon-shaped pot

499　宋　青釉碗标本
Song dynasty
Specimen of green glaze bowl

500 宋 青釉碗标本

Song dynasty

Specimens of green glaze bowl

501　宋　青釉碗标本

Song dynasty

Specimens of green glaze bowl

502 **宋　青釉碗标本**
Song dynasty
Specimen of green glaze bowl

503 **宋　青釉碗标本**
Song dynasty
Specimen of green glaze bowl

504　宋　青釉碗标本
Song dynasty
Specimen of green glaze bowl

505　宋　青釉碗标本
Song dynasty
Specimen of green glaze bowl

506　宋　青釉碗标本

Song dynasty

Specimens of green glaze bowl

507　宋　青釉浅碗标本

Song dynasty

Specimens of green glaze shallow bowl

508　**宋　青釉弦纹瓶标本**
Song dynasty
Specimen of green glaze vase with design of strings

509　**宋　青釉弦纹罐标本**
Song dynasty
Specimen of green glaze jar with design of strings

510 宋 青釉带系弦纹罐标本
Song dynasty
Specimen of green glaze jar with handles and design of strings

511 宋 青釉带系弦纹罐标本
Song dynasty
Specimen of green glaze jar with handles and design of strings

512　宋　青釉刻花花瓣纹碗标本
Song dynasty　Specimen of green glaze bowl with incised flower-petal design

513　宋　青釉刻分格纹碗标本
Song dynasty　Specimen of green glaze bowl with incised design of panels

514　宋　青釉刻分格纹碗标本

Song dynasty

Specimens of green glaze bowl with incised design of panels

515　宋　青釉刻放射纹碗标本

Song dynasty

Specimens of green glaze bowl with incised design of rays

516 宋 青釉刻放射纹碗标本

Song dynasty

Specimens of green glaze bowl with incised design of rays

517 **宋　青釉刻放射纹碗标本**
Song dynasty
Specimen of green glaze bowl with incised design of rays

518 **宋　青釉划花篦划纹碗标本**
Song dynasty
Specimen of green glaze bowl
with comb-incised design

519 宋 窑具标本
Song dynasty
Specimens of kiln furniture

520 宋 窑具标本
Song dynasty
Specimen of kiln furniture